目录

第一章　高校财务管理概述

高校内部管理不可或缺的一部分就是财务管理。高校各项事业的策划和进展直接受到高校财务管理质量的影响。高校是非营利性的组织机构。在知识经济时代，高校财务管理涉及筹集、转移、调整、组织、利用和分配资金等环节。高校财务管理通过执行计划、组织、控制、协调和评估等职能，并采取多种方法和行动，来调整与相关利益方的经济关系和资源配置。随着市场机制的介入，高校财务管理的范围不再仅限于简单的资金流转。

为适应环境的不断变化，并满足形势发展的要求，需要对高校财务管理进行深入讨论。我们需要综合考虑高校财务管理的内容、特点、模式、环境和目标。这样可以及时扩展高校的财务职能，更好地为高校的发展和改革提供服务，也为未来深入研究奠定基础。

第一节　高校财务管理的内容及特点

一、高校财务管理的内容

高校财务控制是在实现高校财务管理目标的过程中，对经济活动内容所实施的控制。高校财务管理的内容包括对资金筹集、分配、使用的管理，涉及预算、实施、决策、控制、分析、监督、管理等环节。财务控制思想贯穿在财务管理的整个过程中，管理过程中有控制的思想，控制过程中有管理的内容，财务管理与控制是不可分割的整体。

与财务管理这个大系统相比，高校财务管理作为一个子系统，既存在大系统的共性，也拥有自己独有的特征。高校财务管理是指高校为有效地管理财务关系而组织和处理各种与财务有关的活动和事务，从而实现经济管理的目的。高校财务活动包括高校资金的获得、支出以及结余等方面。它涵盖了高校资金管理的全过程，包括筹集、使用和财务结余等方面。高校财务管理活动与高校日常管理息息相关。高校管理水平的高低可以从其财务管理表现中得到直接体现。高校财务管理的内容主要包括以下三点。

（一）高校筹资活动

资金的筹集渠道主要有财政拨款、向主管部门申请各类专项资金、收取学费及筹措其他各种收入等。这项管理内容涉及资金收入预测和实施环节，即对筹集的资金项目和筹资总额进行预测，并根据预测行为付诸实施，以获得实际的筹资收入。高校为了支持教学科研活动，采取了多种筹资方式，如政府财政拨款、学费收入、科研服务收入和金融机构贷款等。当然，高校也需要支付利息、偿还贷款以及其他多项费用。高校通过这种资金的收支活动来筹集资金，以满足相关教研活动开展的要求。同时，高校也需要募集资金来支持其基础设施建设和后勤服务的维护。因此，筹资活动是高校非常重要的经济活动，其对于高校的稳定运行有着至关重要的作用。

（二）高校投资活动

为了支持日常教学，高校将会进行投资活动以获得资金，从而建造固定资产和购买设备。学校将闲置资金用于购买股票、债券等金融产品，以期这些投资能够带来相应的回报。随着高校规模的不断扩大，高校越来越频繁地参与投资活动，投资形式也变得更加丰富多样。

（三）高校日常活动引起的财务活动

高校需要支付教职员工的薪酬，进行各项支出和耗费，以满足日常管理需求，同时也通过提供各种社会服务获得收入。高校平时的财务活动形成了这些资金的收支。高校财务管理的重要组成部分是日常的财务活动，可以说日常的财务活动是高校财务管理的基本内容。

二、高校财务管理的特点

当代高校财务管理有其时代性，呈现出新的特点，即经济活动多样化、核算体系复杂化、筹资渠道多元化和财务管理规范化。

（一）经济活动多样化

目前，随着高等教育的重要性日益凸显，高校不仅致力于教学工作，还加强了多项经济业务活动的开展，其中包括科研活动、技术开发、咨询服务、外部投资和商业运营等。这给高校财务管理带来了崭新的方向和新的挑战。高校正在加强成本效益管理以适应信息公开的趋势，并满足相关经济利益方的需求。这需要更加精细化的财务管理水平。

（二）核算体系复杂化

高校的财务覆盖领域广泛，包括事业单位财务、企业财务、商业财务等多个方面。随着高校获取经费的途径越来越多，导致其在财务领域中的经济活动也变得越来越复杂和多样化，这些经济活动也随着时间的推移而增加。由于高校的资金来源越来越多元化，高校的办学成本与开支也引起了人们的广泛关注。高校更加注重教学、科研和研究等方面的成本效益管理，并对会计核算提出了更为严格的要求。高校财务管理的重心已经从记账式微观管理转向宏观管理，这两种管理方式有着显著的差异，前者的中心在于资金的收支与核算，而后者则将资金的筹措、调拨、使用效益的提高作为中心内容。此外，新型财务管理模式将高校资源市场运作规则作为依据，并且强调把高校视为经营实体，营造高校发展所需的良好经济环境。

（三）筹资渠道多元化

如今，经济社会呈现出不断发展的趋势，高校的独立法人地位也逐渐确立。在这种背景下，高等教育体制也较之前有了明显改变，而高校的投资主体与经费的来源也呈现出多元化、多层次化的发展趋势。高校的筹资渠道也由原来依靠政府的财政拨款、教育补助的单一筹资模式转变为多元化的筹资。这主要包括通过办学模式的拓展、科技成果的转让、吸纳社会捐赠等方式筹措资金。目前我国多元化、多层次的筹资模式基本形成了人们常说的“财、费、税、产、社、基、科、贷、息”九大筹资渠道。

（四）财务管理规范化

高校应该根据其特殊情况，以符合国家财经法规、政策和制度为前提，建立健全自身的财务规章制度。高校应利用科学的预算编制和管理方式，对所有收支进行预算管控，以实现对整个学校的财务进行全面统一管理。财务支出实行“一支笔”审批制度，旨在实现高校内各级机构的财务权责集中。加强财务管理，让财务运作有序，坚定执行预算规范，合理运用资金，积极推进高校的发展计划。随着互联网时代的到来以及计算机和电算化会计技术的广泛应用，高校财务管理系统也越来越符合标准化要求。同时，这也使得我们可以更加方便、快捷、准确地获取财务数据。为了推动高校财务报告的规范化，高校需严格遵照主管部门的规定并采用统一的格式填写各类报表。为了促进高校进步，需要建立全面的校内经济责任制度，同时设立财经领导小组，共同研究高校在发展过程中的重要经济问题并做出决策，这一举措要在校长负责制的基础上实施。建立健全高校贷款风险监测与预警机制，并设立专业管理机构或指派专人负责全面监管贷款事宜。将财务处确立为高校财务管理的职能部门，对于该部门的财务人员，要设立会计专业技术职称的要求与标准，要加强对财务工作人员的相关培训工作，提高其职业道德水平。

第二节　高校财务管理的模式及环境

一、高校财务管理模式类型

现今，许多学者认同《高等学校财务制度》中高校财务管理模式的分类方式，这种方式将高校的财务管理模式分为两种。在小规模的高校中，财务管理采用“统一领导、集中管理”的财务管理方式。在大规模的高校中，则采用“统一领导、分级管理”的财务管理方式。有些专家学者提出了高校管理模式的集中管理、分散管理、混合管理。虽然以上概括的管理模式反映了我国高校财务管理的一般趋势，但并不完全适用于所有高校的实际运行情况。本书将高校的财务管理模式分为完全分散管理、准分散管理、准集中管理和集中管理四种模式。

（一）完全分散管理模式

在校院两级管理中，财务管理模式采用的是以学院为核心、借鉴国外责任中心管理思想的完全分散模式。这意味着学院在财务管理方面起着主导作用。这种分权的财务管理模式的核心理念在于将财务权力和责任下放，但前提是高校必须能够有效掌控并合理运用所有的收入。在这种模式下，高校仍然行使总体领导职能，但高校只保留了足以维持行政运营和应急情况的经费，大部分经费则分配给了各个学院。为了实现教育事业发展的目标，学院有权根据需要调整、运用高校分配的经费和创收资金。学院实行分散管理模式，可以直接参与预算制定和资源分配，这样可以使各学院在预算和资源分配方面更加灵活，从而在一定程度上有效解决了资源短缺的问题。

（二）准分散管理模式

相较准集中管理模式，准分散管理模式让学院能够更灵活地支配和掌控资金。高校将国家教育事业费拨款中除了专项资金外可供调配的大部分资金分配给了各学院，供其自主使用和支配。学院需要结合本院实际发展态势以及高校的财经政策和规定，制定学年经费的预算并做出相应的分配决策，同时需要接受高校财务部门的指导和考核。学院可以自行决定如何优化内部资源流动和配置，包括如何分配经费和获得的各种收入。在此模式下，学院具备相当程度的财务自主权，能够自主制定和管理经费的支出和收入。相比起其他经费，专项资金不可以由学院统一支配。

（三）准集中管理模式

高校采用的是财务准集中管理模式，即将多数财政资金集中于校级，并实行统一调度，由高校及其职能部门掌控教职工工资、水电费支出以及大部分开支。高校分配给各学院、系一级单位部分资金以及其创收部分，并给予这些单位一定的资金支配自主权。这些单位可以制订财务管理的方案，以掌控本部门可支配的资金。

（四）集中管理模式

高校在财务管理方面采用集中管理模式，即所有资金由校长、财务负责人或经济管理委员会集中管理。这种模式的特点表现为高度集中的财务决策权。高校只设立了一个财务机构，不存在其他同级或下级财务部门。因此，所有业务都需要在唯一的财务机构协调办理。该机构有着综合财务管理的职责，其中包括整合各种经费预算、制订学校的财务收支计划、管理外部收入项目并规划分配方案等。高校实行统一的财务管理制度，各院系不能制定个别的财务规章制度和具体实施计划。

二、高校财务管理模式选择原则

模式各异、因地制宜、具体问题具体分析，方可产生事半功倍的效果。因此，选择合理的高校财务管理模式便显得尤为重要，以下四大原则可供参考。

（一）财务管理目标应当与高校战略目标相一致

在高校的综合管理体系中，财务管理是一个重要组成部分。为了实现高校的发展战略目标，财务管理的目标必须与高校的最终目标相一致。只有这样，高校的财务工作才会产生积极的促进作用，高校的战略目标才能有效实现。

（二）战略性目标与具体目标有机结合

战略性目标关键在于思考高校未来的发展方向，致力于推动高校的可持续性发展。具体目标注重高校眼前的经济利益，并强调考虑当下利益得失的问题。要达成战略目标，就需要确定一些具体的目标，同时战略目标也对具体目标的制定有指导意义。社会效益和经济效益都有短期和长期之分。学校需权衡短期与长期利益，做到两者兼顾。

在进行资金投入时，应考虑到高校战略办学资源的优化，如引进优秀人才、资助重要科研项目、利用高校条件掌握先进科技等。这样的投资才能真正提高高校的综合实力，并且对高校乃至高等教育的长远发展都具有重要的战略价值。要实现这些目标，高校需制定具体的财务规划方案和落实具体的资金筹集工作。

（三）经济效益目标与社会效益目标的协调统一

高校的责任在于为社会培养人才，服务社会是高校的社会效益所在。高校的职能决定了其旨在实现最大化的社会效益，通过培养优秀人才、创新技术和提供精神产品，为社会做出更大的贡献。只有那些能够对社会产生积极影响的高校，才能吸引更多优秀的考生报考，从而使这些高校获得更多的财务资源。要确保高校的稳定运行，就需要有足够的资金支持，并且还要遵循市场经济的规律。只有注重提高经济效益，高校的财务状况才能不断提升。高校财务管理的目标在于实现社会效益与经济效益的协调发展，不仅要注重经济效益的提升，同时也要兼顾社会效益的提升。

（四）高校内各主体利益的综合平衡

在高校的经济活动中，国家、集体和个人的利益相互依存。为了激发各方面的积极性，我们需要细心地平衡局部和整体的关系，认真坚持按劳分配的分配机制，并恰当地设置激励方案。在制定财务政策和资金安排时，应当综合考虑国家、学校、教职工和学生的利益，确保学校的经费使用平衡、支出合理、收益显著，以此来激发各方面的积极性，为高校的未来发展奠定良好基础。为了保障高校教育的稳定发展和财务管理的优化，财务分配政策必须具备动态平衡的特点，从而获得所有利益相关方的信任和支持。

三、高校财务管理模式创新的保障

在当代，高校财务管理模式需坚持“宏观主控，微观适调”的原则，处理好责、权、利的关系，与市场经济大环境和高校自身的管理体系、发展模式相适应。正所谓“苟日新，日日新”，创新能够让高校财务管理模式与时俱进，因此保障创新的实施尤为重要，而制度保障与组织保障则是两大利器。

（一）制度保障

1．完善全面预算管理制度

（1）成立会计结算中心，集中进行财务管理

成立会计结算中心。成立会计结算中心，要以不影响各校内部单位资金使用权和财务自主权为前提。通过实施会计集中核算，规范和监督单位的财务管理，从而进一步提高财务的透明度和收支合法性。校方通过采取全面预算控制措施以及使用同一进出渠道，对全校各部门的资金和会计进行核算，以达到整体管理的目的。高校会计结算中心监管各个单位的资金流动和结算业务，保证合理、合法，确保其受到高校监督控制。

（2）加大预算执行力度，强化预算约束力

高校内部预算管理机制与财务管理制度相协调。预算目标的实现和预算执行依赖于正确的组织架构和运行机制，它们一起构成了预算管理的组织保障体系。财务预算的执行情况直接关系到高校完成年度工作的成果和发展规划，因此必须采取刚性管理措施，大力加强预算执行力度。高校的事业发展离不开此举的实施。高校领导必须批准重大项目的经费支出，并确保支出严格遵照预算中规划的项目内容进行。

（3）预算编制的科学化、规范化

预算编制需根据紧急程度和可行性对项目进行排序，优先考虑急需且可行的项目，并实行专项项目的滚动预算。无法在当年执行的项目将会延至下一年执行。必须有明确的规定来制定各个收支项目，要建立详细而统一的定额标准。逐步落实人数以决定人员经费，落实定额信息以决定公用经费，并且专项经费要按照项目具体情况进行确定。建立专项项目库，并设立专项资金，用于提升教学基础设施、完善公共服务、建设专业设备和加强队伍建设。为了与高校总体规划相一致，这些项目库应当根据高校的教育发展规划进行持续的修订和改进。这样可以有效提高专项资金使用效率。

2．强化内部审计制度

（1）合理设置，增强独立性

按照职责明确、科学管理的原则，应设立独立的审计机构，以确保专业审计

人员的编制和内部审计员的配备，同时可以考虑聘请特约和兼职审计人员，以满足工作需要。为提高审计独立性，应当在组织架构设计中充分考虑分管领导的岗位牵制。

（2）加强内部审计队伍建设

高校内部审计的范围相当广泛，这就要求审计人员不仅要了解财务和会计方面的知识，还应该具备经济管理、计算机和工程技术等多个领域的知识。因此，高校应该招聘业务素质高的人员来填补审计岗位。此外，还需要对现有的内审人员进行培训，以进一步提升他们的专业水平。可以说，为了确保内部审计的有效性，拥有具备严谨工作作风、高度责任心和卓越业务能力的高素质审计人员是必要条件。

（3）积极沟通，确保内审结果客观

内部审计人员应该提高内部审计的纪律性。如果出现可能影响审计独立性的工作，他们可以采用沟通汇报和职责分离等手段来应对。沟通汇报是指与高校管理层对话并解释，无法完成此类审计任务，超出审计职权的现实情况，以避免接受与此类任务有关的工作类型。当内部审计人员无法恰当地进行沟通时，职务分离是一项有效的应对措施，即将与运营活动有关的审计任务分配给其他内部审计人员来执行，这样做可以有效确保审计的独立性，从而得出更加客观的审计结果。

（4）组织重视，制度健全

高校领导应该充分认识到内审对于校内管理及党风廉政建设的作用和重要性。领导对内审工作的投入程度，直接关系到内审工作的开展情况和质量情况。为了保证内部审计工作的经常性，学校需要制定完备的内部审计规章制度，并定期研究、部署、检查审计工作。另外，还需要及时核准每年的工作计划和审计报告，进行监督审计建议的执行与落实情况。必须建立完善的机制体系，包括内部控制体制、内部审计报告体系、内部审计成果实施机制、内部审计绩效评估和内部审计人员培训机制。应当提供内部审计机构和审计人员充分的经费保证和良好的工作条件，并确保他们依法履行职责。对在内部审计工作中表现出色的机构和个人进行奖励。

3. 健全资产管理制度

（1）建立“大资产”管理体制

设立“国有资产管理处”，将学校的固定资产、无形资产和投资资产等各类资产进行统一管理。该管理处对从资产的形成、使用到处置的整个过程、各个环节，进行统一管理，以此来改善国有资产多头管理的情况。这样可以确保国有资产的有效管理和利用。要分别建立资产产权和具体使用管理两个独立的机制，并明确它们各自的管理流程，加强这两个机制的相互监督和相互限制作用，从而有效地防止资产流失。

（2）改革和完善高校的资产管理和核算制度

统一固定资产分类标准，并增强对固定资产的审查要求。在财务系统中，固定资产的分类应当与资产管理部门所采用的分类方式相一致。如此一来，可以有效进行资产管理，便于对账和核实财务记录。根据各高校的特点与特殊情况，制定适宜于本校内部的固定资产评估准则，同时制定合理的固定资产确认标准。当修订固定资产认定标准时，必须综合考虑固定资产的使用效益、使用寿命和单位价值等因素，以便确定何种资产属于固定资产的范畴，提高固定资产的认定门槛，除此之外还要实施固定资产折旧机制。

（3）加强制度建设，强化管理措施

高校既要贯彻执行国家有关资产管理的法律法规和规章制度，又要结合高校实际情况，建立本校可操作和可实施的国有资产管理制度体系，做到依法管理、规范管理、科学管理、高效管理，以维护资产的安全、完整和提高设备的使用效益。建立如下一系列制度：资产的购置和验收制度、财产保存管理制度、使用和维护制度、出让管理制度、报废报批制度、统计报告制度、监督检查制度、考核评价制度等。

（4）完善资产管理与财务管理的内部衔接机制

需要保证资产管理和财务管理之间的流程是完整的，其中包括资产形成、调配使用和最终处置等三个环节。要确保对资产在存在期间的状态、位置、数量、质量和价值等各方面的变化进行及时记录和跟踪，以保持资产和财务管理的账目信息之间实时动态的一致性。发挥信息技术优势，实现实时监测功能。

虽然国有资产管理和财务部门都拥有资产管理系统，但它们目前尚未实现信息资源的共享。为了实现国有资产管理的集成化、数字化和信息化，我们应该从办公自动化入手，建立高校国有资产综合管理平台，并实现各部门信息数据的无缝对接。

（二）组织保障

1．加强财务管理组织机构建设

在“统一领导、集中管理或分级管理”的范畴内，目前我国各高校采用的是“集中核算、绩效评估、项目控制”等高效的财务管理体系，这种体系不仅明确了权责，也更加灵活，有助于适应社会经济环境和市场需求的变化。即使是规模较小的高校，也能够有效地应对挑战，实现科学化的财务管理。

（1）集中核算

高校的所有收入和支出必须由财务部门统一管理，按照统一规定进行调配。校属各部门不允许单独制定收费项目和标准，更不能私自收费或私自管理资金。这样可以掌控资金的流入和流出，让所有的可支配资金归属于学校，从而提高学校的财务实力和办学水平。这个措施可以解决忽视管理而过分注重核算的问题，并且有利于加强学校资金的运作，可以从多个渠道获取资金，控制其使用方向，并有效提高财务管理在高校经济管理中的重要作用。

（2）绩效考评

为了实现“权利到位，责任到位，效益到位”的目标，高校应该按照管理层次划分情况，制定高校和各部门负责人的经济责任制，并完善相应的经济效益考核、评估、奖励和处罚机制。成立一个专职部门，负责对全校各部门在财务管理和经济绩效方面的表现，并进行全面的审查、评估和考核。通过及时发现、分析偏差、漏洞和其他问题，识别经济管理方面的疑点并深入挖掘其内在根源。同时，加强财经纪律，防止违规使用资金。采取如“源头控制、过程监管、绩效评价、奖惩措施”等实施方案，以确保对校属各部门的业绩采取科学、合理的考核评价。为了确保高校内部的责任、权利和利益能够真正得到保障，高校财务管理需要做到整体有序、控制到位、管控有效并且奖励得当。

（3）项目控制

目前，中国的高校普遍采用全面预算管理和项目控制体系，以预算编制为基石、绩效评价为工具，将结果导向贯穿于所有资金和业务活动之中。在进行年度预算编制时，坚持保持收支平衡，综合考虑所有相关因素，并以积极而稳健的态度积极采取勤俭节约措施，以确保权责相符和财政资源得到合理利用。明确责任和权利，并进行详细的分解和落实。同时，对人员经费实行定员定额管理，以确保预算安排更加准确和精细。采取部门内部评审和专家评审等多种方式对项目经费进行充分的论证，强调项目目标管理，并通过优化支出结构、细化支出项目等措施来提高项目的必要性和绩效性。高校会根据资金来源和需求制定合理的全年收支计划，并对每项资金的来源和使用进行具体项目规划和资金分配。另外，需要严格管理和监督资金的使用，以防止资金超支、挪用，以及未经预算的开支情况的发生。这样能够确保预算分配和管理、资金控制、核算、使用得到有效落实。

2. 收付实现与权责发生相结合

为弥补收付实现制的缺陷，采用权责发生制。事业单位必须根据业务性质确定收入的实现。权责发生制可以协调收支关系，突出二者的紧密关联性。该制度能够使得事业单位在内部经济管理方面得到加强，并提高其社会效益，同时也能加强对事业成果的考核。由于高校的收入和支出愈加多元化，为了更好地管理和核算教育成本，实行权责发生制将成为必要的选择。在高校的特殊环境下，会计核算基础需要进行相应的调整，不能简单地、机械地将权责发生制作为高校会计核算的基础。高校在实行收付实现制的同时，还应考虑采用权责发生制作为一种补充措施，以满足高校内部核算和管理的需要。

四、高校财务管理环境

环境对高校财务管理的影响不容小觑。在当代，高校财务管理也面临着新的挑战，如果墨守成规，以传统环境为标准进行实践，就是刻舟求剑。因此，探讨诸多新环境的情况，尤为重要。

（一）新环境——新会计准则与制度

1. 新会计准则对高校的意义

（1）改革公共财政管理体制

近年来，我国开展了重要的公共财政管理制度改革，并且持续优化了财务会计制度，逐步实现了与国际会计标准的协调。根据公共财政规定，高校的整体预算应当遵循“一个部门一本预算”的基本原则。这意味着，高校整体预算应包含基本建设项目的收支预算和后勤预算，这些预算也应当进行独立核算。为了遵守国库集中收付的规定，高校需要新增会计科目，以反映零余额账户的情况。

在政府采购制度中，高校无法直接获得相应的采购款项，而是通过按预算和采购状况的拨款方式，将款项直接拨付给供应商，因此相应业务的会计核算方式也要发生改变。另外，加强国有资产的管理也十分必要，我们必须确保固定资产的分类和价值标准，在反映资产使用情况上做到全面细致。有效地规划和利用资产，以避免资产丢失。高校会计实践必须遵守最新的会计制度，以适应公共财政管理体制改革的要求。

（2）规范高校会计核算

在高等教育制度深刻变革的背景下，高校面临着巨大的内外环境变化和经济活动日益复杂多变的挑战。在高校会计工作中，确保教育经费得到有效、规范、安全地使用，是目前和未来工作的重中之重。为了准确反映高校的整体资金收支情况，需要进一步加强和规范高校会计核算，确保数据的全面性和真实性。高校应该对其固定资产进行折旧计算，根据各种资产的实际价值进行减值，并进行每月的收支账务核对，同时执行成本核算。保证高校预算得到有效执行的关键在于遵守会计核算规范。通过采用规定的决算管理方法，确保预算得到有效执行。通过实施规范的会计核算流程，可以确保各种财政拨款的合法性、准确性以及安全性。此外，还可完善资金结转和结余管理，综合考虑资金结转和结余后的使用。通过对业务活动所产生的各种费用进行细致的归类、分配和计算，按照适当的核算对象和方法来进行成本核算，从而达到更加详尽和有力地进行成本核算目的。会计科目是对所有与会计要素相关的详细内容进行分类和记录的科目，其分类是基于经济交易的性质和管理要求。为了达到规范会计核算的目标，必须根据实际应用的需求对会计科目进行增减和调整，以改进会计核算内容。

2. 新会计制度对高校财务管理的影响

随着高等教育水平的提高，新会计制度已全面规范了高校的经济业务确认、计量、记录和报告工作。这也意味着高校的财务管理工作将面临新的挑战。

（1）高校财务管理工作重心从“核算型”转向“决策型”

高校财务管理方面实行新会计制度，其中包含九个改革和创新举措，满足了财务、预算、资产、成本等方面的管理需求，强化了高校财务管理工作的要求。与旧会计制度相比，新会计制度在高校财务管理方面的可操作性和适应性有了显著提升。高等教育的发展进程推动了经费筹集的多元化，使其不再局限于以往的财政汇拨和学费收取，而是广泛涵盖了产业资助、社会捐赠、科研拨款、贷款、利息等多个方面。这进一步提高了高校自我资金筹集的能力。

针对目前的情形，高校需重新设计其财务管理的职责，除了将日常事务管理和会计核算作为主要职责，还需承担其他功能。需要将财务工作的重心从“核算型”转变为“决策型”，并且专注于预测和计划学校各项经济活动、监督和控制这些活动的进行，评估这些活动的成果，并且提供支持来帮助学校做出决策。

（2）新会计制度强化了高校财务风险管理

高校必须加强资产负债信息的管理，同时必须相应地对基础设施的投资业务计入高校的会计总账，并且按时更新。为了保证高校年度财务报表能够准确地反映债务总额和债务构成，保证会计信息的完整性和可比性，需要将高校内部独立核算的会计信息整合到年度财务报表中。高校应重视资产管理和财务风险控制，加强债务监测和管理。

（3）新会计制度强化了高校的受托资产管理责任

新会计制度对涉及国库支付、政府收支分类、预算编制、国有资产管理等方面的会计核算内容进行了扩展。新会计制度规定要求精确计算固定资产的折旧和无形资产的摊销，以更准确地衡量高校管理和决策的效果和效率。此外，还可通过全面规范会计核算中的结转结余和结余分配，进一步提高高等教育对社会和经济的价值和效益。新会计制度增加了高校在会计核算方面的责任，高校需对其所托管的资源进行科学的会计核算。

（4）新会计制度强化了高校成本核算与控制

新会计制度对高校的收支核算和分类管理进行了进一步规范，要求高校对各项收入和支出进行合理的安排，并对成本核算和控制等方面的工作进行强化。高校可以运用创新策略，采用“虚提”固定资产折旧和无形资产摊销等方法，以更精确的方式计算资产价值，进而为内部成本费用管理、资产使用效果评估、高等教育经费使用效益评估以及高校预算执行力评估提供更可靠的信息支持。

（5）新会计制度强化了高校预算管理

新会计制度对高校的事业支出科目进行了细化，将原有的“教育事业支出”科目细分为“教育事业支出”“行政管理支出”“后勤保障支出”和“离退休支出”，这样可以更加清晰地反映高校各类支出的结构和信息，以满足预算管理的要求。此外，新会计制度还能通过提供数据支持来协助高校进行内部成本费用管理，从而提高经费使用效率。新会计制度对收入支出表进行了结构调整，引入了财政补助收入支出表。这个调整的目的在于全面反映高校的收入和支出情况，同时这个调整也能够准确反映各种资金来源的收支和结余情况、高校预算计划和目标的实现情况及管理情况。

3. 新会计制度环境下高校财务管理的创新

高校财务管理工作是高校内部管理工作中不可或缺的一部分。高校的生存和发展与财务管理工作的效果密切相关。在新会计制度下，高校需要重新考虑财务管理的方式，以提高社会和经济效益，并促进高校的内涵式发展。

（1）树立高校财务管理大局观

高校的财务管理需要与国家高等教育发展目标以及高校整体战略目标保持一致，同时要聚焦于预算制定、核算、决策分析和评估，以优化资源利用，推动教育改革的长期深化和发展。首先，明确高校建设应该遵循全国高等教育建设的总体规划，着眼于整体大局。在这一基础上，高校还需要考虑如何在国家财力和物力的范围内，合理分配资金，并努力提升经费使用的效益。其次，财务部门应将高校的长期发展目标与短期目标充分结合起来，在为本校教学科研整体建设提供财务服务的过程中，切实为高校的发展提供支持。在规划教育经费分配时，财务部门必须明确优先次序，确保关键项目得到优先保障，与此同时，也要兼顾常规任务的落实。每一项事业都对高校整体建设具有显著的重要性。最后，财务部门应采用新的会计准则，引入更为精细化的财务管理体系，及时、准确、完整地向主管部门和高校管理层提供财务数据，为高校的维护和发展提供支持。

（2）树立高校财务管理风险控制观

虽然高校办学方式和资金来源有所增加，但是高校建设与发展需要更多资金，这与资金投入存在矛盾。在一定范围内灵活运用债务，可减缓高校资金短缺的压力，并最大限度地发挥财务杠杆效应。高校在使用借贷资金填补教育经费不足时，必须注意风险管理。财务管理人员应具备风险意识，以科学合理的方式规划高校的资金，并对贷款项目进行可行性评估，以确保可行性和还款计划的成功实施。为了确保新会计制度能够有效执行，高校需要充分关注对财务风险的分析，并建立一套可行性高、有效性强的财务风险控制和预警体系，以促进高校的平稳、健康发展，保证业务流程的规范化。

（3）树立高校财务管理成本效益观

随着高校办学条件的改变，各高校之间的竞争也变得更为激烈。高校必须立足于提升综合实力，加强财务管理，树立成本效益观念。为了达到这一目标，高校必须遵照教育部和财政部的规定，进一步加强对教育成本的核算，并以学术成就和绩效为指标，将教育成本与其效益相结合。应该尽最大的努力用最少的资源去培养更多、更优秀的高等教育人才。为了确保高等教育运作符合规律和新会计制度，需要研究当前的高等教育环境和社会经济背景对高校财务管理的影响和需求。根据这些研究成果，可以制定财务管理框架和实施方式，以适应高等教育规律和新会计制度。现阶段高校应更新财务管理思路，并全面宣传国家财经相关法律和政策，以确保教学科研活动的顺畅开展。高校财务管理团队应帮助教学科研管理部门，将成本效益观念融入日常工作中。可以使用一种新的财务制度来进行成本费用核算，以计算每位学生在培养过程中产生的成本，包括人力资源成本和人才培养成本。此外，还应该协助这些部门寻找最佳的降低成本的方法，以便在最少的投入下获得最大的经济和社会效益。

（4）树立高校财务管理决策分析观

应该制定一个综合评估高校财务管理表现的指标体系，其中包括预算管理、资产管理、财务风险控制、支出结构和财务发展能力等方面。定期分析和评估这个指标体系，帮助高校的主管部门和管理层更加准确地了解财务状况和发展趋势，预测潜在的财务风险，并将所得结论用于下一步的管理工作。高校可以通过科学的分析和评估方法，发掘潜力、优化预算管理、控制成本，保证预算完成，并提高资金的使用效益。高校要更加严格地遵守国家的财经法规和财务制度，以进一步提高内部的管理水平。

（5）树立高校财务管理财务业务一体化观

高校财务管理财务业务一体化的实现，得益于新会计制度的实施和财务信息化水平的提高。通过信息化建设，将财务、预算、资产和成本综合起来，整合财务业务流程和高校其他管理活动，进一步深入高校日常业务活动，实施财务管控。

将高校的财务工作与业务运营紧密结合，既能有效实现财务战略和管理制度的贯彻落实，又能及时了解并解决各业务部门在办理业务过程中遇到的问题。应用新的会计制度和现代信息技术，有助于实现财务共享服务模式，这一模式可以在管理方面提供更多创新，同时也能够促进高校各业务部门积极参与财务工作，并激发他们对高校建设发展的热情。同时，促进高校的各个部门和教职员工提供财务聚集、支出、收益方面的意见建议，以提升高校财务管理的整体水平。

（6）重构财务管理工作组织体系

为了在国际上赢得竞争并展现独特的吸引力，高校需要不断推动内涵式发展和提高战略管理能力。现代大学制度的建立和治理结构的完善是高校内涵式发展的显著特征。高校财务管理体制的完善是高校治理结构健全的一个重要体现。现代会计制度已经不再局限于简单的会计核算和处理工作，而是综合考虑财务管理、预算控制、资产评估以及成本控制等多个方面的要求。随着新会计制度的实施，我们必须设计一套符合高校内涵式发展需要的财务管理机制，以确保高校资源的合理分配和有效利用，为战略管理提供支持。只有这样，才能更好地推进高校内涵式发展。为了推进高校的战略发展，需要构建一个基于高等教育导向的高校财务管理体制。通过设立高等教育经费管理的绩效评估标准以及完善高等教育资源分配计划，来有效地监督高校的财务管理工作，以维护和强化高等教育资源，提高其使用效益和高校战略管理水平，同时提升高校的教学和办学效果，促进高校事业的健康持续发展。

（7）完善的内部管理制度

组织机构高效运作的基本保障在于实施健全的内部管理制度。为了符合新会计制度的要求，高校需制定一套内部管理制度，将战略管理、预算管理、资产管理和风险管理相互融合，以确保高校管理的有效性。这种机制可以在高校内部建立有效的控制体系，实现战略规划、预算配置、管理控制、绩效评价和风险控制等各方面的协调配合。另外，这种机制还可以重新审视和规范高校的预算管理、收支管理、政府采购、资产、建设项目和合同管理等方面的业务流程，实现最佳的教育资源配置，最大限度地提高教育经费使用效率。

总之，高校的财务管理工作需要适应新会计制度，不仅是简单地提供数据，还要改变传统的财务管理理念，建立规范的内部控制体系，以适应现代高校建设和促进高校内涵式发展。

（二）新环境——知识经济时代

随着知识经济时代的到来和市场经济体制改革的不断深化，高校的财务管理工作面临着新的挑战。财务管理涉及的范围也逐渐突破了筹集资金与核算管理等方面。

知识经济是建立在知识基础之上的经济形态，其涉及的技术水平较为高端。高校是人才聚集的场所，其主要使命是教授学生知识、培养有才华的学生，创造最优化的社会效益。高校不仅担负着科技人才的培养任务，也是高科技创新孵化的场所。高新技术的诞生和发展都源于高等教育，高等教育为人才的培养提供了先进的知识和技能，也为新技术研发提供了优秀的人才支撑。在知识经济的社会中，学习将成为主流，教育将成为不可或缺的元素，因此高校将担负重要的使命。

高校的各项管理工作已经融入了财务管理的理念。随着社会逐渐变成一个以知识为主导的经济体系，高校的财务管理也面临着全新的挑战。这种情况下，高校需要适应新的生存环境，并抓住改革与发展的机遇。

随着全球知识经济的兴盛、网络信息时代的到来，以及电子商务的飞速发展，高校所处的经济、政治和教育环境也随之转变。自 20 世纪末以来，由于需求不断增加，大量高校进行了全面重组和整合，这进一步提高了对高校财务管理的要求。高校财务管理包括策划、安排、监管高校内部的财务活动，以及与财务相关的经济事务的交流和管理。随着建立“财政拨款为主，多种渠道筹措教育经费为辅”的制度，财务管理的主要职能表现为拓宽资金筹措的渠道；制定预算，分配资金；控制预算支出，有效运用资金；理性管理资产，合理配置；完善制度，加强财务监管。综合的财务信息系统应该建立在对财务指标的详细分析和深入探究之上，要全方位、多角度地对财务信息进行研究和分析。除了预算编制、预测分析、决策分析等工作，还应该从战略高度全面分析非财务指标对业绩的影响。另外，还可以通过建立高校财务管理网络信息系统等措施，来更好地实现财务管理目标。

（三）新环境——互联网高速发展

1.信息化环境下高校财务管理创新

在当今科技发达的时代，信息传递的速度非常快。因此，高校必须创新财务管理模式，跟上市场发展的步伐，获取最新的信息以便进行动态管理。在这样的背景下，建立数字化信息平台显得尤为重要。使用最新的网络技术来开发财务管理平台，能够让我们快速且准确地掌握高校的预算情况，还可以了解每个院系的预算执行情况，从而实现全面的管理财务。

建设信息化平台可以保障高校财务机构更加精准地监管财务绩效，全方位掌握资金收支状况和管理情况，为高校的资金运营提供无障碍支撑，进而提升财务运营效能。高校应该整合复杂的第一手信息，并对其进行加工和分析，从而更好地利用信息平台。这涉及将初始数据进行分类、筛选、核对，从而确保其准确性。对核实过的数据进行分析，提出合理的观点和建议；领导在仔细倾听各方的观点和建议后，应对财务计划进行调整，以确保高等教育得以稳步发展。

在高校的财务管理流程中，及时的信息反馈对于财务计划决策的精准度和及时性至关重要，在高校的发展方向上发挥着关键的引导作用。如果高校想要改善财务管理方式，就需要注重信息技术的建设，提高处理实时信息的能力、分析技巧和判断力，同时还要保证反馈信息的准确和及时，以更好地促进高校的财务和教育发展。

2.网络经济环境下高校财务管理创新

（1）高校财务管理内容创新

随着网络经济的不断发展，高校财务管理得到了较为明显的便利。高校管理者应当充分发挥网络的优势，巧妙地管理财务收支两条线。为了维护高校的财务状况和实现未来发展目标，高校应当详细记录每一年的经费收入，并据此制定相应的资金预算。高校可以利用财务信息系统集中管理专项科研经费，以便更有效地使用国家拨款，从而提高高校的科研水平。随着网络经济的兴起，传统的会计方法（仅使用一种货币计量方式）已经无法适应新形势的要求。此外，支付方式正在朝着电子信用卡、电子支票和电子现金等方向迅速发展。

（2）高校财务管理软件创新

随着网络经济的兴起，高校的财务管理正处于创新和改革的阶段，其中包括管理内容、管理模式以及工作方式等方面的变化。这意味着高校财务需要加强与外界的沟通联系，积极创新开发高校财务管理软件，以满足其自身经营和管理的需求。财务管理软件的创新是基于互联网的操作方式的。为使高校实现更加完善的网上办公功能，需要将高校的网络架构从局域网升级为互联网。要使高校财务管理工作更有效率，就必须使其在网络环境下具备完备的移动办公和网上办公功能。模块化操作可以增强财务管理的便捷性，且没有地点和时间约束，还可以加强高校财务的安全性。通过这种方式，高校能够保障教学和科研工作之间的紧密结合，从而达到财务资源的有效配置和合理利用。

（3）高校财务工作方式创新

高校应该根据自身实际情况，积极探索和创新财务管理工作方式。随着网络经济的发展，办公场所正在向虚拟化转型，摆脱了传统实体场所的限制。这一趋势也为许多教师提供了更多的移动性和在线工作的机会。这样不仅使教师的日常工作更为便捷，也在一定程度上提升了高校财务工作的透明度。另外，高校财务人员离开办公室也能够保持正常办公状态，不再受地点和时间的限制。通过实时监测下属单位的资金使用和管理情况，以及在线跟踪下属单位和外部合作单位的财务交流情况，可以及时掌握账目余额。高校可以通过互联网实现各方业务的快速交流和报表的快速处理，从而提高工作效率。采用这种创新的工作方式可以促进高校财务工作的进一步发展。

（4）高校财务管理模式创新

随着高校办学中心的不断下移，传统的预算管理方式需要进行改革。高校将以二级学院预算为中心，开展预算管理工作，并在此基础上不断完善自身的预算和财务管理，提高经营活动和内容的质量。除了上述措施，还需建立健全的财务预算管理机制，以保证制度制定遵循合理、科学、民主的原则，从而推动高校财务管理模式进一步的发展。

3．一卡通环境下高校财务管理创新

（1）引进先进的科学技术设备

先进科学技术设备的重要性在于它能协助财务人员应对烦琐的计算任务，进而提高财务信息管理的效率。高校应当雇用具备丰富经验及较高专业水准的财务管理人员，并提升本校财务人员的个人业务素质，尤其是提升其应用科学技术设备的能力，以全面提升财务管理效率，促进高校的进一步发展。此外，高校还可以对财务工作情况进行评估，采用最新的财务信息管理设备和手段，为应用校园一卡通后的财务信息计算和财务管理工作提供可靠的设备和技术保障，从而提高财务管理水平。

（2）规范财务管理人员行为

为了应对校园一卡通带来的问题，要加强对财务管理人员的行为规范，并提升他们的专业水平。高校的财务管理人员需要履行接收和计算大量资金的重要职责，他们的表现直接影响着高校财务部门的成果和整个高校的发展。高校应该优化当前的财务管理政策，制定适合的财务管理制度，以规范财务人员的职业行为。采用这种方法可以从财务人员的个人能力层面入手，减轻校园一卡通对高校财务管理工作产生的负面影响。此外，应加强对高校财务人员的监督和管理，以防止他们出现窃取公款等内部欺诈行为。这样可以规范财务管理秩序，提高高校财务管理的效率。

（3）保持财务工作的连续性

保证财务工作的连续性能够顺利解决因校园一卡通所带来的财务管理工作中断的问题。以科技和信息化手段监测学生的校园一卡通资金使用情况，可以不断保持财务工作的稳定，避免让财务管理人员一直处于紧张状态。这也能够提高高校财务管理效率、减轻财务人员工作压力，从而提升高校财务管理水平。一方面，高校必须借助尖端科技设备和丰富素质的财务管理人才，营造理想的财务管理氛围，以全面推进高校财务管理工作的开展。协调高校内的各种资源，加强财务部门的建设，提升财务管理水平。另一方面，高校应该对校园一卡通内部的使用情况和资金流转情况展开分析，并与其他高校积极交流合作。可以借鉴其他高校在推广校园一卡通后所获得的财务管理实践经验，结合本校的实际情况采取适当的财务管理措施，以提升财务管理人员能力及水平。

（4）加强校园财务管理安全

使用校园一卡通需要电子信息管理系统的支持，并且在电子信息管理过程中互联网技术发挥了重要作用。高校财务管理系统需要面对网络安全挑战。因此，校园财务管理的安全性必须得到全面保障。在高校的战略规划中，应当更加重视财务信息管理方面的工作，并将财务信息的安全管理工作提升到高校发展战略的高度上。同时增强一卡通的安全风险防范意识。另外，高校应加强对财务管理人员和学生的财务安全教育，使他们熟悉有关财务风险预防的相关知识，进而提升高校财务管理系统整体的安全水平。

第三节　高校财务管理的目标

财务管理的内容和职能以及概念和方法都是由其所追求的目标决定的。就财务管理的角度来看，企业是以营利为目的的组织，其本质是通过营利来实现经营价值和最终目标。一旦企业成立，就会进入竞争激烈的环境。为了保证企业的生存，必须不断拓展业务并持续经营，不断实现利润增长。因而，企业的管理目标可归纳为保持生存、促进增长、获得收益。

高校是一种非营利性公益组织，高校通过组织高校财务活动、处理各种相关财务关系，以实现高校财务管理目标，这些目标构成了高校财务管理的基本指向。尽管高校财务管理致力于实现经济效益，但它的首要使命在于推进教育事业的繁荣和发展。其具体目标包括以下方面。

一、预算管理目标

预算管理已经成为高校财务管理的核心内容。为了实现高校的发展目标，高校应该确立一套科学而合理的预算管理体系，并制定相应的预算执行比例准则；设立负债偿还基金；建立考核项目经费使用效率的机制，以提高预算资金的使用效益。因为高校的学费收入在不同季节流入的现金数量存在差异，所以财务部门需要制订现金预算，以便在财务收支时间和数量上实现平衡。这样做不仅可以提高财务保障能力，还能提高资金运用效率。

二、收入管理目标

高校主要通过财政拨款来获取资金支持。另外，高校的经费来源之一是学生的学费。高校应当借鉴其他国内外高校成功的经验，并利用全球校友资源成立校友会、基金会等组织，为高校筹措资金，推动高校的发展。此外，高校还需加强资产租赁的监管，并增加筹集资金的途径。

三、筹资管理目标

高等教育改革的深入推进让高校成为法人经济实体，具备了自主办学的能力，因而其经费来源也从过去单一依赖财政资金，向多元化的筹集资金方式转变。资金的成本、时间和使用风险因来源不同而异。例如，向银行申请融资贷款会导致高额利息成本和风险。相比之下，国家提供的财政拨款和社会捐赠并不需要偿还或支付利息。因此，高校需谨慎选择借款时机和借款期限，在获得更多资金的同时，降低资金筹集成本与风险。

四、分配管理目标

我国高校教育的运作机制正在逐步改变：从过去专注于追求社会效益的形式向追求经济和社会效益平衡的形式转变。正因为这种转变，我国高校在管理方面取得了最大的经济收益。我国高校财务管理的分配方式已经从以前的实行平均分配改为了基于实际情况的预算分配模式。这种改变的出现源于我国高校财务管理的长期发展，其有助于实现我国经济和社会效益的平衡。

五、投资管理目标

近年来，随着高等教育的迅猛发展，许多高校都在积极筹集资金、办理土地手续，以便能够扩大校园和教学规模。同时，各高校也在教学、实验设备等方面进行大力投资，以提升教学水平。因此，高校需要更好地管理投资活动，科学地评估和决策投资方案，并让财务部门参与投资决策和管理过程，从而在风险和成本较低的情况下获得更高的投资回报。

六、资金管理目标

资金管理是财务管理的基石。高校在财务管理中必须注重以下目标：改变思维方式、提高资金使用效率、树立资金时间价值观念，以增加资产价值。

七、财务分析目标

高校应该加强财务人员队伍的专业化程度，分析经费收支构成、开支结构和投资收益，以控制财务风险和提高决策效率，并进一步提升资金的使用效益。

八、成本管理目标

过去人们大多认为高校财务管理并不是困难的工作，只需要处理收支平衡，不必关心成本效益。我国高校规模普遍较大，内部组织结构各不相同，各部门管理的内容也独具特色，高校的财务管理目标有明显的差异。因此，需要加强成本核算管理，转变经费管理理念，并树立成本核算、效益以及市场意识。这样财务管理体系才可以与社会保持一致。同时，要以确保最高绩效目标为前提，降低运营成本。高校应该更加重视制定成本效益管理目标，并深刻思考教学工作的效率问题。通过这种方式，高校可以提高教学质量，降低成本投入，并在培养人才方面取得更好的成绩。

高校的财务管理旨在建立符合社会主义市场经济发展趋势的管理体系，并且要与管理体制改革相适应。为了实现资源的最优分配和经费支出结构的调整，需要领导层的整体规划，还需要兼顾社会效益和经济效益。高校财务管理需要在宏观管理方面注重适度调控，而在具体实施过程中则需要具备灵活性，以便建立纵向和横向、集权和分权相整合的财务管理模式。

第二章　当代高校成本管理创新

高校的成本管理工作是整个财务管理工作的重心，成本管理工作主要围绕高校成本核算工作、高校成本控制工作展开。本章将从这两个角度对成本管理工作做深入研究，不仅要细致地探明成本管理工作中的内容与方法，还要对现有的方法做深入的理论分析与方式扩展，提出将作业成本法应用于成本管理工作中的实际方案。

第一节　高校成本管理概述

一、高校的社会定位

现在我国的组织分为非营利性的组织和营利性的组织两种。其中营利组织是为了获取利益而成立的组织，它的目的是让其获得的利益或回报最大化。非营利组织根据其所包含的领域可分为两种：广义的非营利组织和狭义的营利组织。广义的非营利组织是社会组织，不包括企业组织，而狭义的非营利组织是除了政府部门之外的组织。而和我国的实际情况相结合，再经过美国财务会计准则委员会和美国会计学会以及其他国际会计学术组织和行业协会的研究，本书从以下几个方面来分析非营利组织的特征。

第一，它的产品是公益性的或准公共产品，它的服务是整体性的服务，不但包括某个社团，还是某个行政区域，甚至是由全部的国民组成的。

第二，和营利组织最大的不同就是它不管是提供产品还是服务都是非营利性质的。营利组织的最基本目的是通过提供产品或服务获取额外的收益，而非营利组织所提供的产品或服务是非营利性质的，也就是说它是从全体利益出发的，而不是以营利为目的。非营利组织提供的服务不收费或收取一点成本费，是非营利组织和营利组织最大的不同。

第三，非营利组织提供服务的目的不是获得回报。非营利组织在运行中所需的资金主要来源于政府拨款、社会捐赠等方面，所以在运作的时候没有回报要求，也没有经济上的收益。

第四，非营利组织的管理者是要承担一定的责任的，而且在财产方面是受制于提供者的。而作为非营利组织的资金大部分来自政府或捐赠者，所以管理者一般要负经济责任，要详细记录下资产的运作方式和处理方式，使得资财的委托人能够履行其相应的经济责任并进行考核和评价。

第五，非营利组织财务报告不提供财务业绩信息。非营利组织要对各种财务收支状况和其需履行的责任进行确认、记录、计量和报告。非营利组织的财务资源因为不是出资人投入的，所以不存在所有者的权益要素问题。同时，出资人不要求经济上的回报，所以没有利润的计量，在会计要素中不存在利润要素。也就是说非营利组织提供的财务报告大都反映财政状况、出资人的财产收入情况等，没有经营状况和财务成果等方面的报告内容。

非营利组织的上述特质，与高校的产品属性、消费特征以及教育服务等方面高度契合。在我国，高校被视为非营利组织，这和世界各国关于高等院校的社会定位是统一的。

二、高等学校教育成本的分类

按照高等学校中教育成本和学校支出间的关系、高等学校的支出分类进行比较研究可知，高等学校的教育成本包括教学成本、科研成本、教辅成本、行政成本和学生成本五项。

（一）教学成本

教学成本是指高等院校在提供教育服务时，在其所从事的教学活动中的所有支出，这是和高等学校中的教学支出保持一致的，但是不包括非学历教育等的教学支出，所以没有包含在高等学校教育成本核算范围内的教育是不应该算在教育成本支出中的。教学活动是高等学校活动中最基本的，透过教学活动的支出情况能看出高等院校所提供的教育服务的水平，从而分析出其资源耗费的多少。

（二）科研成本

科研成本是指高等院校的科研机构、国家和省部级单位组织的科研课题以及自费组织的科研课题等方面的支出。高等院校的科研活动是很复杂的，有的是专门为了教学服务而展开的科研活动，其目的是提高教学质量而不得不自己筹措经费；有的是因技术转让、技术咨询而展开的科研项目，如科技产品的开发和研制等；有的是国家和省部级单位的重点项目，如社会科学基金项目、“973”项目、“863”项目等；有的是针对某些单位的特定问题而展开的科研活动。总之，高等院校的科研成本就是开展上述活动而产生的各项支出。

（三）教辅成本

教辅成本是指教学辅助部门如网络中心、图书馆和电教中心等所产生的各种支出。

（四）行政成本

行政成本是在高等院校中，为保证学校的教研活动正常进行行政管理部门产生的各种费用支出。虽然这部分支出和成本核算对象间的关系是不易明确规定的，但是这是高等院校教育服务中不可或缺的支出，所以也属于高等院校的教育成本。

（五）学生成本

学生成本指的是高等院校发放给学生的助学金、奖学金等支出费用。对于这部分的支出是不是高等院校的教育成本，现阶段的观点分为两种：一种认为对学生经济上的帮助是转移支付中的一种，学生获取后主要是用在学习和生活中，是用于抵扣学生收费方面的支出，是折扣性质的，不是教育成本的构成项目，所以要从教育成本中扣除掉，这部分支出不属于教育成本；另一种认为学校给学生提供的经济上的资助是建立在学生的优良品质基础上的，而对于因为培养学生的优秀品质而产生的必要支出等是教育中所必须有的一种投入方式，所以这部分的经济资助应该属于高等学校的教育成本。对于上述两种观点，作者比较赞同第二种观点，认为经济资助的虽然是学生个人，但是在高等院校中这部分支出是高等院校经济利益的支出部分，在核算高等院校的教育成本时，是本应该计算到高等院校的教育成本中的。

上述五个成本项目所耗费的成本是完成成本中的范畴，指的是核算对象的直接成本和成本核算期内的各成本核算对象所产生的间接成本。在高等院校中，教育成本和工业制造中的一般产品成本核算方式不同，其区别主要是算不算核算期间所产生的费用。在高等院校教育成本的核算主要是为了算出各成本核算对象所耗费的水准，而不是收入配比。所以在对高等院校的教育成本进行核算的时候，要在期间费用的支出中加入和制造业产品成本相类似的那部分支出。

三、高等学校教育成本项目的设置

高等学校教育成本项目的设置中，依照教育成本的支出，把其分为五个项目是较为合适的，具体包括人员经费成本、公用经费成本、资本性成本、对个人和家庭的补助成本以及其他成本五种成本方式。

（一）人员经费成本

高校为在职人员支付的如基本工资、补助工资、职工福利等在内的工资性支出。

（二）公用经费成本

高校所提供的各种日常运作和管理中产生的费用和支出等。包括水电费、办公费、取暖费、印刷费、体育用品购置费等，其目的是为高校提供教育服务。

（三）资本性成本

资本性成本是指固定资产的折旧费用。折旧是指在规定年限内按照固定的方法来对固定资产的折旧额进行费用的系统分摊。固定资产所计算的折旧额指的是它的成本，在固定资产折旧的时候是不应把净残值计算在内的。政府的会计主体在计提暂估入账的固定资产进行折旧时确定好实际成本后就行，对于过去已计提的折旧额不需要再进行调整。按照目前的《政府会计准则》，下面的各项固定资产没有计提折旧：①文物和陈列品；②动植物；③图书、档案；④单独进行价格入账后的土地；⑤以名义金额所计算出的固定资产。

（四）对个人和家庭的补助成本

对个人和家庭的补助成本指的是高校发放给个人的各种补贴，如生活补助、住房补贴、医疗费、助学金等。

（五）其他成本

除上述各项成本之外，还有和教育服务相关的其他支出，如养老保险支出、高校的隐性支出等。

第二节　高校成本核算与控制

一、高校成本核算

（一）高校成本核算概述

1. 高校成本核算的含义

成本核算是指为实现单位职能目标而发生的各类费用的核算过程。此过程依据既定的成本核算对象及成本项目，对总成本、单位成本等进行合理分配、归类以及精确计算，并将相关成本信息提供给所需用户。高校成本核算的组成具体包括两部分：一是其成本开支，包括各种费用，并对为培养学生而发生的费用进行计算；二是依照成本核算的对象，通过一定的方式来计算高校的平均教育成本和教育总成本。

高校教育采用的是产业运作模式，所以高校成本核算是高校在政府和市场共同作用下所必须进行的一个环节。高校为了提高自身的产业经济属性，以便更好地运作和管理，就要在开展各种高校教育活动时引进先进的教育管理理念，要深入研究市场，分析高校的投入和产出，进行成本核算，以提高管理效益。高校是事业单位，以人才的培养作为中心工作，这是不同于企业的产品生产的，但是两者是有共同点的，就是都有投入和产出，且所需的资源较多。因此，利用市场条件下的高校教育成本核算，可以有效促进微观层面的办学活动和宏观层面的教育管理。

2. 高校成本核算的基础

高校成本核算是以权责发生制的财务会计数据作为基础的，为了满足成本核算的需求，有必要设置财务会计的科目明细和在辅助核算时进行成本核算。

高校不是为了营利而设置的，主要是为社会输送素质高、有一定专业技能的人才，它在运作和管理中所需的资金和政府的资助有关。所以要把握好各部门的预算，了解教育经费的使用情况等，通过高校的权责发生制得到想要的结果。所以，在高校现阶段主要是采用权责发生制，权责发生制是我国财政管理改革的进一步推进，有利于提高高校的财政管理水平。我国的政府采购在不断地扩大其采购规模和采购范围，并且不再是一般商品的采购和服务方式，而是转向工程采购。而在采购大宗项目时常会发生跨年度的情况，在实现收付相抵的情况下，对于那些当期发生但未支付的部分，会存在着预算的资金和实际情况不相符的情况。而采用权责制则可避免上述问题的发生，是一种更科学和合理的核算政府资金采购的办法。而且，通过权责发生制，能准确地反映其应付未付和应收未收的收支信息，有利于高校加强现金流的预测，提供给高校及时而可靠的信息，帮助高校管理好现金。

3. 高校教育成本核算的基本原则

高校在核算教育成本的时候，要严格遵循《事业单位成本核算基本指引》，具体包括下面几个原则。

（1）相关性原则

单位在选择成本核算的对象、对分配等成本进行归集和整理、提供相关的成本信息的时候要满足其要求，这样能帮助成本信息的使用者在使用成本信息时做出其相关的评价或决策。

（2）可靠性原则

单位在成本核算时，对于实际中所产生的经济业务或事项，要保证成本信息的真实性、可靠性，保证内容的完整性。

（3）适应性原则

单位在成本核算的过程中，要保证其和单位的行业特点、特定的成本信息需求一致。

（4）及时性原则

单位在收集、处理、传递和报告成本信息时要做到及时有效，这样方便信息使用者能够及时进行评价或做出相应的决策。

（5）可比性原则

同一单位在不同时期、相同的行业在不同单位，关于相同或相似的成本进行对象的核算时，所采用的成本核算法和依据等要是统一的，要保证成本信息之间具有可比性。

（6）重要性原则

单位在选择成本核算对象、对其进行成本的核算时，要分清楚哪些是重要的、哪些是次要的，对于重要的成本核算对象和成本项目，要保证成本信息的准确性；对于次要的成本核算对象和成本项目，要适当地进行核算简化。

4. 高校成本核算的基本内容

教育成本的核算和高校的经费支出并不是一个概念。教育成本核算也不同于一般的成本核算，和高校的日常支出核算也存在着差别。究其原因，高校的教育经费支出不但包括教育培养方面的，也包括离退休人员的工资等，离退休人员在教学中不承担教育的任务，所以原则上他们的工资应该计入教育成本中。

（1）确定教育成本核算对象

教育成本的核算对象是其费用归集后的对象，还包括耗费教育资源后的受益者。

（2）确定教育成本核算期限

成本核算期限要保持和“产品”的生产周期一致，也就是人才的培养周期由学制来确定，所以人才培养成本的核算期限就是学制年限。这个过程一般较长，如认为这是人才培养的唯一成本核算期限，对于成本的加强控制是不利的。所以，要结合高校的学期、学年活动综合考虑，在核算成本的期限时要以学期或学年作为标准。

（3）确定教育成本开支范围

教育成本核算是指归集费用并分配费用。要想正确做到上述要点，就要执行权责发生制，即谁受益谁承担的原则来规划好费用的归属期，并且分摊到每个受益对象身上。只能支付本期成本所需的费用，但是不能计入本期成本中，各成本对象的费用管理是根据成本收益原则来分摊每个成本对象是不是有益和受益了多少。依据的原则是受益者承担成本、未受益者不承担成本，并且受益越多其承担的责任就越多。具体分为五种费用界限。

①划清费用的界限，确定成本开支范围。在核算教育成本的时候，先要确定好教育成本的本质，再确定好高校所产生的各种开支是不是包含在教育费用中、要不要计算在教育成本中。

②区分资本性支出费用和收益性支出费用。在高校的支出费用中，经常性项目的支出如办学中人员的费用和公用费用等就属于收益性支出；而因为固定资产、无形资产等长期资产而产生的费用支出等就是资本性支出。

③区分哪些要计入教育成本和哪些不应计入教育成本的费用。高校各项费用的支出指的是科研支出、基建支出和教学费用支出等。而在高校的资源中，教育成本指的是培养学生所消耗的资源。

④区分哪些费用应纳入本期教育成本和哪些费用不应纳入本期教育成本。根据权责发生制的需求来确定好时期和费用。时期不同，所需的费用也存在着差异。在采用权责发生制的时候，要明确经费发生时的受益期具体是指什么，采用的是“谁受益谁承担”的原则来分摊费用，从而让高校人才的培养成本更科学化。

⑤区分各成本对象之间的不同费用。根据各专业、各年级学生的教育成本，依据受益原则来划分好各成本对象间的教育成本费用。

（4）登记教育成本费用明细账

对于每个教育成本对象所拥有的成本，一般都要对它的明细进行核算、分类。在核算教育成本时，根据不同费用的类型，对成本核算对象进行明细的成本分类，再选择正确的会计科目和记账方法，分门别类地记录，并要求数据全面而真实，能反映高校教育成本的实际支出，并计算出成本对象的成本。

（二）高校成本的计量

要提高办学经费的效益，就要在不同成本的核算中找到其内在的需求，在对高校成本进行计量的过程中，要确定好学费和政府的补助标准。

1. 高校成本计量的特点

高校成本在计量中是存在一定的模糊性的，具体表现为以下几个方面。

（1）成本构成项目的模糊性

对于教育经费的支出，哪些应纳入成本范畴、哪些不应纳入，目前仍未有教科书式的定论。

（2）成本计量数额的模糊性

计算方法不一致、分配的标准具有不确定性，使得这些项目很难在支出的计算中确定其成本数额。如高校的科研具有双重性——为教学服务和为社会服务。而教学成本的金额的具体数目还需要具体分析。

（3）成本标准的模糊性

在合格人才的培养过程中，其标准是不具体的，也是不统一的，所以学生的培养在其硬件设施和软件设施上不具有一致性，在学生的培养汇总上，其成本的标准和成本之间的界限也不明显。

（4）共同费用分摊的模糊性

高等教育活动具有协调能力较强、教育资源共享程度高的特征，因此其共同性支出占有很高的比重，但是和物质生产企业相比较，教育成本的核算过程要复杂得多，如共同性费用支出包括图书资料、体育设施等，它是不是合理而科学地分摊会对其成本的计算产生影响。

2. 高校成本计量的方法

（1）教育成本计量范围

费用类的科目分为六种：业务活动费用、资产处置费用、单位管理费用、上缴上级费用、对附属单位补助费用、其他费用。其中，业务活动费用是指为了实现其职能目标而开展的专业性活动及其他辅助活动所产生的费用。单位管理费用科目虽然和高校的教学、科研活动等有关系，但是因为它是管理活动，是期间费用的一种，不应划入教育成本中加以计算，如上缴上级费用、对附属单位补助费用、资产处置费用、其他费用等科目和高校的教育科研项目关系不大，也不需要计入教育成本中。这些费用主要源于高校在教学、科研等项目的实施过程中所产生的各项支出，与高校教育成本的核算范围保持一致。科学、严谨的核算有助于准确反映高校在业务活动过程中的经济投入与成本情况，为高校财务管理和决策提供有力支持。

（2）教育成本计量对象

高校教育成本计量的对象是在校学生，即教学科研的服务对象。根据其入学的年度、专业、学历层次（专科、本科、硕士、博士）等来进行划分。根据学生年级不同、学历不同、专业不同，其所消耗的教育资源也具有很大的区别。所以综合这些因素得知高校教育的成本核算对象是某学年某专业某层次的学生。

（3）计量科目设置

计量科目一般设置为基本的教育成本科目和辅助成本核算科目。基本的教育成本科目主要是由科研费用、教学费用、学生的管理费用等组成，属于二级明细会计科目。而辅助成本核算科目则是指用于经济类的教育成本核算对象，包括商品和服务费用、工资福利费用、固定资产折旧费、个人和家庭的补助费用等。

（4）教育成本计量程序

教育成本计量程序如下。

①在教学科研活动中，经济业务相关的费用列入二级科目中，用途列入经济用途的辅助科目中，部门列入核算对象的辅助科目中。

②根据用途和性质的不同、分配标准的不同，把教辅助单位费用分配到相关的教学单位中。其中，分配后的教辅助单位费用余额应该是零。

③在公共教学单位中依照公共教学单位的服务对象和服务工作量的不同来进行分配，分配后的公共教学单位费用余额应该是零。

④在公共课的服务对象上依据服务量的多少来分配专业教学单位的费用。

⑤在学院内的各专业间进行各学院的费用分配，依据课时、学生的人数来进行，其分配后各学院的费用余额应该是零。

⑥各专业的费用按照专、本、硕、博等教育层次的不同和学生的人数不同，分配给层次不同的学生。

⑦计算出专业不同、层次不同的学生，其总教育成本和人均教育成本是不同的。

按照上述成本的核算程序，费用是根据其费用总额来进行归集的，从而计算出人均费用的数值。如根据二级科目来进行归集，或依照经济的不同用途来归集，这样就能计算出人均二级科目的费用或人均某个经济用途的科目费用数值。

二、高校成本控制

高校成本管理是高校在实现成本目标的时候所遵循的成本控制原则。其目的是控制好教育成本，提高教育经费的利用率，让高校能够出更多的人才、出更好的人才。教育成本管理的目的是通过高校在运作中预测、计划、核算和评估教育成本，实现人力资源最合理化，让物质和资金的社会效益和经济效益最大化，这是一种科学的管理方法。其中，在高校经济活动控制中，成本控制是最基本的，也是现代成本管理中最重要的内容，长期存在于经济业务的管理中。在控制成本时，以成本管理制度为基本原则，以院、系或部门来作为成本责任中心，完成调节、约束责任中心的可控成本的整个过程，并及时进行纠正，保证成本计划顺利有效地实施。

（一）高校成本控制概述

1. 高校成本控制的含义

“控制”又被称为掌握和限制。美国旧金山大学国际管理和行为学教授海因茨·韦里克（Heinz Weihrich）曾提出，在管理学中，为了保证企业的目标和根据目标所制定的计划能够实施，有必要对绩效进行纠正和衡量。[①] 在经济学中，控制是指根据某种条件和预设的目标，来对某个事件或过程施加影响，让其完成预定的目标，而发起的一种组织性的行为。或者是系统对某种信息进行交换、处理或传递，并发出相应的指令，调节其他系统，促使它稳定发展，并根据预定的目标来完成相应的任务。在企业的经营过程中，根据已知的成本目标，来严格控制、分析、计算产品的成本，包括生产成本和管理费用，发现实际成本、目标和费用之间的不同，进而采取有效的方式来保证产品的成本和经营管理费用，保证它在一个合理的范围内。

① 韦里克．郝国华译．管理学[M]．北京：经济科学出版社，2005．

一般认为，高校成本控制是指高校管理者通过预算的方式来规划、调节各种教育成本，以此保证学生的实际经济利益和教学、管理和科研等活动能够有效进行。如果成本控制得当，那么能够实现物尽其用，保证高校资金的高效运转，达到事半功倍的效果。反之，如果成本控制不当，会造成资金浪费，不利于高等教育健康有序地发展。

2. 高校成本控制的内容

成本的控制是个系统化的过程，其主要分为下面三部分内容。

（1）事前成本控制

事前成本控制即成本计划控制，指的是以科学的方式来制订成本计划，保证对运作的结果实施目标管理，主要是以预算的手段来完成的。成本计划以成本预测作为基础，依照学校的办学目标、实际情况和相关历史资料，以科学的方式预测各个项目的成本，编制成本计划。其主要是从对人力、物力和财力的优化配置方面入手的。

（2）事中成本控制

在成本管理中重点加强教育管理中的成本控制，保证每个阶段都能运作好成本管理，也就是做好事中成本控制。一般来说，采用的是下面四种方法。一是计划分解，控制好每个部门、岗位的成本，控制好每个时段和环节的成本，让部门领导和教职工都能明确它的意义，认识到成本管理和本身的利益有关；二是搞好日报、月报或旬报等的报表分析；三是例行检查；四是日常信息间的沟通。

（3）事后成本控制

事后成本控制是一种通过利用成本分析法对财务报表和其他相关信息进行评估和分析的方法。这种方法可以帮助我们有针对性地总结问题，并找出产生问题的原因，提出可行的对策和建议，以达到控制成本的目的。当实际情况与预期计划存在偏差时，我们会采取相应的控制措施。根据掌握能力和误差水平，可将控制措施分为两种。第一种是通过调整预设目标来达到误差控制；第二种是要提高系统对人力、物力、财务和信息等方面的掌控能力，达到满足成本目标需要的要求，在这个过程中需要投入一定的资源，遵循一定的标准和量化指标。

3. 高校成本控制的原则

（1）重视人才培养质量

在高校采取控制成本的方式是更好地运用高校资金，让其在人才的培养和教育中得到有效运用。在高等教育的成本控制中，不能只追求成本，还要保证人才的数量和质量。高校要控制好行政成本和所产生的额外费用，努力提升整体素质，向社会输送人才。让教育的成本得到真正的控制，保证高等教育活动良性运转，不断提高教育质量。

（2）全面成本管理

要培养高校学生的成本节约意识，尽量减少教育活动中的不必要开支和提升教育成本效益。这项活动需要所有部门和人员的共同努力，而不只是某个部门、某个人需要关注的事情，其目的是提高每个环节的成本效益，实现教育成本整体效益的提升。所以，为了达成这个目的，高校应设立分级归口管理，安排专人负责，而且还要分门别类，在相应的职能部门分配相关的业务，形成教育成本管理体系，从横向和纵向两方面来控制好成本，提高成本的利用率。

（3）效益最优

高校成本控制要求综合社会效益和经济效益。因为教育的准公共产品性，很多人认为，高校的效益仅是社会效益，高校如要追求经济效益，就会和其宗旨相背离，也会给学生带来教育权利上的不平衡，高校功利性会日趋严重。但是实施起来的效果是不一样的，高校要发挥经济效益，虽不以营利为目的，但要求经济效益的最大化。如高校继续如此，那么高校的社会化效益就是空谈。所以高校成本的控制，是从经济效益开始的，最后实现的是高校的社会效益最大化。

（4）例外管理

例外管理是西方国家的企业在管理中经常使用的一种方法。在控制高校教育成本的过程中，要想把成本做到详略得当、有所侧重，就要先解决高校成本中的例外现象，如果什么事都一成不变，就会形成低效的管理。高校成本控制中的“例外”问题分为四种：一是成本的实际消费和预算间存在着差别；二是高校需有一定的支出费用，如某些教学仪器的购买等；三是和学校的办学质量有关，如引进教师的成本、新学科的筹建成本等；四是高校中一些性质特殊事项的支出，如高学费问题的应对，高校高额贷款的偿还等。

（二）高校成本的考评及分析

1. 目标成本制度下的教育成本绩效考评

为了提高教育资源的利用率，实现有限资金发挥最大效益，高校不但要制定科学的成本管理目标，还要制定合理的成本控制制度。如何做好定期的成本绩效考核在目前成本控制领域中是一项重要的内容。

（1）岗位成本目标的制定

高校成本的控制中，最主要的是制定每个岗位的成本目标。而成本控制的方式和所消耗的资源在制定成本目标的时候，是要遵循常态化操作的，常态化指的是既要考虑在正常条件下所制定的目标，还要保证目标制定后的稳定性。高校的成本目标在制定中需遵循下面的程序。

①测算全年的教育经费来源，也就是可用来支配的经费额度。根据高校各项目能够实现的稳定收入汇总，测算本年度学校的总收入，减去在学校基建投资和其他与教育活动无关的各种开支，得到的结果就是下一年教育活动的经费总额。

②测算全年目标成本总额。高校根据招生规模的大小首先算出学校总共有多少名在校生。其次算出师生比和教职工的报酬，不包括离退休人员、专职研究人员和服务人员。最后再确定生均人员经费支出。同理算出生均业务费的支出、耗费的成本、公务费的支出和修缮费支出等。

其中，如何计算生均公务费的支出还包括下面两个步骤。

第一，根据过去运作的情况来把公务费按照某个比例分为管理用生均公务费支出和教学用生均公务费支出。

第二，依照某种比例把管理用生均公务费的支出分摊到每项教务活动中，这个费用就是生均管理的成本。

根据成本项目的构成来对上述费用进行汇总后得出生均教育成本和全校教育总成本。全校教育总成本与全年可安排的教学活动总经费两者间存在差异，可通过调整上述各生均经费指标解决。通过这种方法继而算出下一年全校教育活动的总目标成本，也就是下一年全校教育活动的成本所能达到的最高额度。

经层层分解后所得到的全年目标总成本具体包括：首先，学校根据预算来对下半年的教育成本总目标进行分解，并使其在每个职能部门得到合理的运用；其次，再根据年度任务的不同下发到每个学院和每个部门；最后，在学院的分配下，具体到每个岗位，再根据其人数和误差修正值进行有效结合，以确定成本目标的具体数额。

在制定目标的过程中，要做到下面两点：第一，在技术方法上采用的是直接制定目标和依据目标的利润来进行制定的双重办法，而不只是直接制定目标的方法。第二，保证在制定目标过程中的专业性和群众性。在参与的各个部门中，一般是从财务部门开始，选派教学、科研、人事等相关部门的人员参与，因为这些人员很熟悉教育成本。

（2）教育成本控制绩效的考核与评估

成本考核是指定期测试成本目标并加以总结、归纳，来帮助各个岗位完成成本的控制，提高目标成本的控制水准。目标成本的考核必须落实好责任制，来完成对成本考核结果的分析和评估，得出评价结论。一般来说，在考核各岗位的时候没有什么难度，但是却存在着考核后的绩效该如何进行评价的问题。究其原因是考核的目标不只是降低成本，而更多的是提高教育的效益。但是成本和效益不是正相关关系，也就是说降低成本不等于就一定会提高效益，而且高校的教育成本在绩效的控制方面不像企业那样容易处理，评价起来也更加困难。高校的产出也是为其教育而服务的，产出指标中不仅仅是经济指标，更多的是教育指标，假如只是照抄企业的做法，把教育指标弱化，会容易形成很大的误差。

用模糊数法来评价高校的教育成本绩效，模糊数法在处理数据的评估过程中包括定量指标和定性指标两种，这种方式也被称为“模糊综合评估法”。首先，模糊综合评估法是根据专业性和群众性成立专门的小组来进行管理，其次，由专业的小组根据成本评估指标和权重来提出相关的建议，在他们的帮助下建立指标体系，最后要对教育成本的责任制进行具体安排，计算出其成本，并对结果综合进行评估。在计算过程中，要对指标体系的最低层次项目进行模糊评估方式，然后一步步往上走，直到得到模糊综合评估的上级指标，计算出综合评估值。

2．高校办学效益分析

（1）高校办学效益分析的基本原理

按照现代经济学理论，高校的功能性和实用性是和外部特征密切相关的。这表现为以正向的外部特征，来完成以点带面的过程，通过非排他性功能，来满足社会的要求，向社会提供高素质的人才，进而促进经济的共同发展；同时，也要克服负向的外部性特征，和社会的不同要求保持平衡，避免市场出现错误，保持社会正义和公平。而且高校是资源配置的最佳场所，要获取个人关于公共物品和外部偏好的相关信息，减少交易成本和谈判的标准，也就是说高校的产出是从社会的整个教育总成本出发，在处理社会的外部关系中减少社会成本。高校的成本本质上也是要处理好教育中的直接成本和间接成本、业务成本和非业务成本、必要成本和顺带成本间的关系。在这些关系的处理中形成制度，达到规范其行为、约束其权力的目的，有效防止资源浪费。

（2）高校办学效益分析的方法

①基于平衡计分卡的高校绩效评价。

平衡计分卡是美国哈佛商学院的罗伯特·卡普兰（Robert Kaplan）和戴维·诺顿（David Norton）教授于1992年在《哈佛商业评论》上发表的文章中所提出的一个重要概念。这种方法和以往的绩效评估方法不同的地方在于其分为四个方面：财务、内部业务流程、顾客、创新和学习。这和过去的重财务理念不同，该方法主要从三个重要的群体利益出发来实施战略布局。国外的很多大学也在绩效评价中运用了平衡计分卡，如在美国的加州大学、康奈尔大学和华盛顿大学等实施平衡计分卡来保证大学的管理更加有效。

平衡计分卡是一种新型绩效管理工具，用于衡量组织的战略目标，区分其可操作的目标和目标值之间的关系。在平衡计分卡的基础上所建立起的这四个目标，有很多数据是不能轻易被察觉到的，而是以问卷调查的方式来获取的，这就难以保证它的真实性。从高等院校来考虑，可以看出平衡计分卡的四个维度是能细化的，但是不同于企业，高校的目标是保证最大化的办学效益。

②基于 DEA 的高校绩效评价。

DEA 思想首先是由著名的运筹学家查恩斯（Charnes）、库伯（Cooper）和罗兹（Rhodes）提出的，又叫数据包络分析（Data Envelopment Analysis, DEA），是从投入和产出来看所评价的决策单位的有序性。DEA 有很多种模型，其中主要包括 BCC 模型和 CCR 模型。

DEA 模型在我国的高校中使用有很长一段时间了，是以 DEA 模型的建立来分析投入和产出的，进而看其是不是具有高效性。很多学者在运用 DEA 时没有意识到评价单元是指标总和的两倍，设置了过多的指标，而对单元的评价却过少，这就对评价的准确性产生了一定的影响。DEA 方法的所有模型分为投入型和产出型两种，根据导向的不同会产生不同的效果。但是很多学者没有意识到模型导向的选择问题，没有进行分析和评价，而只是用投入导向模型来计算，没有从实际出发，这就让计算结果错误连连。DEA 模型不能有效和 DEA 区分，这时 DEA 超效率模型就应运而生了。

③基于标杆管理的高校绩效评价。

标杆管理法是 1979 年由美国的施乐公司提出的，后来经系统的规范化标准形成理论体系，从而让整个评价过程更加系统化、持续化，通过把企业的管理流程和世界上的先进企业进行比较后得出持续的、优化的、全面的信息。而对于标杆管理法，很多组织发表了报告和文章，关于标杆管理的说法不同，所得到的标杆管理的案例结果也是有差异的。

在我国的高等教育中，曾盛行过标杆管理，很多专家和学者也发表了一些具有建设性的文章。高校通过标杆管理法将学校的流程和世界上的高等学府相比较，帮助高校的学生改进绩效信息，通过持续评估法和比较法来发现自己的不足进行完善。

④基于360°反馈绩效评估法的高校绩效评价。

360°反馈绩效评估法是由20世纪80年代美国的学者艾文（Ewan）和艾德沃兹（Edwards）提出的，其通过对某些企业组织中的管理和研究来构建了一个叫作360°的反馈绩效评估法的体系。在这个组织结构中，周边的、熟悉的人客观评价被评价者，上级、同事或其他部门在评价其绩效的时候，根据综合信息来全面评价和反馈，形成360°绩效评估反馈。在360°反馈评估绩效过程中，需投入产出选定好评价指标，实行360°全方位评价，再实行分析和比较。

（三）高校成本控制方法与要素

1. 高校成本控制方法

成本控制法是成本在实施中所采取的主要手段，是成本控制所产生的目标，是完成成本控制任务后的一种方式。成本的管理层不同，其所面临的问题虽相同或相似，但是其所采取的控制成本的方法却是存在差异的；而且就算是同一个阶段，如成本对象不同、管理要求不同，成本的控制方法也不同。所以在选择某种方法进行成本控制的时候，要保证成本的控制能够更全面、及时，满足成本信息使用者的不同要求，实现成本的主要目标。成本控制的不同步骤为：

①构建成本的整体框架，设置好科学的控制环节。

②建立成本控制管理体系，保证岗位制度的有效性和合理性。

③完善成本控制的监督和管理，定向化、具体化目标。

2. 高校成本控制要素

高校的成本控制和企业的成本控制相类似，是高校内部控制的主要内容，也是高等教育体系的重要组成部分。和高校相类似，其是有着特色运转规律和管理需求的组织，在内部控制系统和内部要素的构成中，不但源自《行政事业单位内部控制规范（试行）》和《企业内部控制基本规范》，还和高等教育的亮点相结合，一起摸索出教育事业发展的规律。在高校成本控制主要包括以下要素。

（1）控制环境

①成本控制系统的基本状况。成本控制系统是通过高校的内部某些部门，如作业中心等，设定好控制成本的目标，在采取一定的措施后，实现部门的成本目标，尽可能地减少误差，让其符合高校成本的预期管理。

②成本控制机制的建设状况。成本控制机制建设是实现成本控制的基础。成本控制的机制建设主要表现在：建立不同作业中心的联动机制和协调机制；建立以成本控制为主的岗位责任制、内部监督机制和决策机制；建立成本控制，实现

监督的有效分离。

③成本制度的完善程度。机制的建立和完善与高校对制度化建设的重视程度有关。

（2）事业活动和控制

①事业活动的成本预算和控制。事业活动的成本预算是每个作业中心形成的独立成本预算，是该作业中心为了开展事业活动而所耗费的资源。事业活动也就是高校的教育活动和科研活动，是指高校进行教育事业建设的主要活动。对于活动预算的控制也是高校成本控制的要素之一。

②事业活动的支出管理和控制。事业活动的支出和管理是事业活动成本能不能根据标准的成本预算来进行的最主要的组成部分。高校在进行教育活动和科研活动的时候，总要涉及各个方面的支出，对这些支出款项进行管理，控制支出的数额和种类，是高校成本控制的另一要素。

（3）信息沟通和监控

信息沟通和监控能够有效管理高校成本控制，让整个成本的控制系统所包含的信息得到及时的交换和传递，以便进行增补、修改、废止和调整等。信息的沟通是高校建立有效反馈机制的前提，是高校提升自我成本控制能力的重要因素。

（4）财务共享平台

高校财务共享平台顺应新《政府会计制度》，来完成高校财务核算中的全程电子化运作模式，实现基础和双功能的核算模式，让过去繁杂的记账模式发生改变，不再需要教职工提前贴好相关票据，等待财务人员抽空给其签字报销。财务共享平台将高校财务的各个子系统串联在一起，为高校的日常运营和未来发展提供了预测、控制和评价的信息，这有利于高校的成本控制。

（四）高校成本控制的基本规范

1. 高校成本控制基本规范的重要性

高校综合竞争力是建立在成本管理基础上的，不是建立在规模实力上的，所以要提高高校的综合竞争力，就必须实现成本的规范化管理。

第一，通过成本管理的规范化系统管理，从整体上实现成本的控制，尽量让成本的管理不是形式上的管理方式。成本的管理规范化不是让某个单位或环节最小化，而是要在企业整体效益最大化的基础上，来优化成本控制，让每个岗位上每个环节的投入最小化。企业是个有机整体，成本控制尽量不要算细账，即出现小地方算细账，但是在整体上出现大浪费，避免出现捡芝麻丢西瓜、得不偿失的情况。

第二，成本管理措施要采取规范化的管理模式，避免突发事件的发生。要保证控制成本的思路和方法，就要以规定的形式来固化制度，保证在预先所形成的共同约定下，来约束企业的每个成员，让其从上到下都能落实好。很多企业的成本控制效果不理想主要原因是动态进行成本控制，集中进行，当领导人的呼声慢慢减小时，成本控制就会逐渐失去作用，又开始产生浪费。

第三，有效成本管理最主要是在成本控制上实现激励机制。成本控制激励机制是不具备成本的规范化管理的，而是要通过成本的管理机制加以约束和激励，从而形成一股自下而上的力量。

第四，不断提升成本的控制效果，强化成本管理规范化并加以改进和完善，让其成为成本控制的基础，保证企业实施的成本控制法高效而实用。

第五，要贯彻落实好成本管理制度，通过全体员工来认可标准化制度，进行创造性的实施方式，这也是管理规范化所产生的结果，以便让这种外在的约束变成自我的约束。

2．高校成本控制基本规范的特点和作用

在教育成本的管理控制中，其规范行为是它的标准所在。是教育成本控制人员和教育的成本信息时所具有的一系列标准，以便进行约束、指导和评价。

（1）高校成本控制基本规范的特点

高校的成本控制汇总虽然在成本的管理上具有一定的共性，但是同时它也具有某种特殊性，这主要是来自它特有的经济效益和社会效益。地方高校成本控制主要是采取规范化的方式来运作和执行，也就是说高校成本的控制主要是表现教育产品的不同特质。

（2）高校成本控制基本规范的作用

教育成本信息的标准化生产和教育成本信息失真问题的解决等这些都是教育成本在管理中所必须遵循的基本规范。成本对基本规范的控制是从成本的核算和评价中得知的。在对高校的成本进行控制时，要求在全社会都要加强成本的管理和控制。

3．高校成本控制基本规范的建议

（1）更新成本观念

更新成本观念既包括以往过时观念的纠正，也包括对于教职工和学生的成本意识培养。我国的财政管理改革一直在稳步推进着，新《政府会计制度》出台后，要求所有的高校工作者都要及时更新自己的成本观念，跟上国家高校建设的步伐。

纠正过时观念和培养成本观念是一体的，可以采用专题讲座、校园成本控制案例比赛、校园成本控制主题活动月等方式进行。这些活动能够使教职工和学生亲身体验成本控制工作的内容，强化成本控制的理念和意识。

（2）引入作业成本法

作业成本法最主要是在于“产品消耗作业，作业消耗资源”。作业成本法具有下面两个特点：一是以作业法作为核算的主要对象，在作业层次中加入成本核算；二是间接费用的分配和管理，通过动因来进行分配，也就是根据引发的动因不同而采取多种成本分配方式，并把它运用到产品的成本中，保证实际的结果和计算的结果差异性小。

（3）建立成本管理体系

很多标准的成本管理行为构成了较完整的成本控制体系。首先，成本管理体系是受成本管理的法律和教育规则决定的。其次，从理论上来说成本管理体系是由成本管理的方法、原则、要素、基本前提和处理方式等构成。最后，成本管理体系指的是对成本核算所提出的准则、要求、方法以及职业道德规范等的管理。高校要完善成本控制的激励与约束机制，加强对成本管理制度执行的监督，细化成本管理制度的内容，系统化进行成本的管理。

第三节　作业成本法在高校成本核算中的应用

目前，我国许多高校常常采用生均成本法评估学生的培养成本，但这种方式得到的教育成本数据缺乏细致性和全面性，不能很好地满足高校、政府部门、学生家长和社会机构的信息需求。在深化财税体制改革的过程中，全面采用绩效管理已经成为一个重要举措。为了更有效地分配有限的教育资源，高校需要改进教育成本核算方法。相对于传统的成本核算方法，采用作业成本法具有显著的优势。通过跟踪资源和实践因素，确定教育成本的生产机制，并把复杂的间接费用合理地划分到多个成本核算对象上。另外，它还可以帮助我们更全面地了解教育资源消耗的环节，从而实现全方位的成本管理。将作业成本法在各大高校推广，有助于推动事业单位的成本核算与绩效管理，进而推进政府成本会计的改革。

随着经济的发展和人们物质生活水平的提高，市场的需求更加多样化、时尚化和个性化，产品的多样化和个性化使得产品的工艺不同，操作程序也不同，在作业链中的流动路径也不尽相同；进而作业的需求量不同，产品的生产也不同；

且采用的成本分配基础不同，其作业成本和产品的关系也不同。

在生产中广泛应用高新技术和计算机，可以使生产中的自动化程度不断得到提高，机器设备更加富有灵活性和通用性，如企业所采用的电脑辅助设计、电脑的整合制造、电脑的辅助制造等都能在很短的时间内生产出多规格、多品种和高质量的产品。随着众多产品直接制造费用的显著降低，特别是由于直接人工成本的锐减，间接制造费用在整体成本结构中的占比显著上升。这一现象使得制造费用的分配方式对于产品成本计算的准确性产生了重大影响。同时，随着工艺流程日趋复杂，作业链之间的相互交错也越发频繁。不同类型的作业以及与其相关的间接制造费用，对制造业总成本的影响也各不相同。目前采用的单一成本分配基础，无法充分揭示成本与基础分配之间的内在联系，有时甚至会引发成本计算结果的歧义，亟待改进。

鉴于市场需求的多样性和生产环境的变迁，传统的成本分配方法在信息需求方面已难以满足现代经营管理的需要。相较之下，作业成本法通过紧密结合成本与作业，精准把握住了二者间的内在联系，并依据作业进行成本的分配与归集，因此得以广泛应用和推广。这种方法并非简单的计算程序再设计，而是对传统间接成本归集与分配模式的根本性变革。它摒弃了以产品为核心的成本分配方式，转而以作业为中心。在传统成本分配方法中，制造费用的分配通常先由生产部门汇总，再分配给各产品。然而，作业成本法认为产品的生产离不开作业的消耗，而这些作业活动又需借助特定资源。因此，资源成本构成了作业成本，并最终被分配至产品中。在作业成本法的框架下，对于不同服务作业的生产过程，我们需根据作业与成本间的关联，将同质成本归类，并明确成本库中的成本动因。随后，依据这些成本动因来分配作业成本，从而打破传统成本计算中单一或少数成本分配模式的限制。

一、高校成本核算运用作业成本法的可行性分析

作业成本法是一种基于作业的成本计算方法，这种方法可以更合理、准确地分配间接费用。高校教育实际成本不仅涵盖了直接成本，而且也包括很多间接成本。直接成本包括培养学生过程中直接需要的人员成本、教学、科研经费等；间接成本包括学生管理、行政后勤等。考虑到高校的具体情况和政策制度背景，在高校中采用作业成本法是行之有效的。该方法的应用有助于高校提升成本核算的精度，并为高校设计出更科学的费用标准，进而提高其管理水平。

成本的本质是为完成某个目标而付出的代价，其目的是为保证实现这个目标而进行的投入，是资源配置后优化的根本，在高等教育成本中也是如此，所以要

核算好高校的教育成本，就要完善教育成本的补偿机制。这就要求做好教育资源的分配工作，补偿教育成本，并进行合理的分担，将其作为教育投资绩效考核的基本部分。

作用成本法产生于制造行业，但是对于教育服务行业也是适用的。作业成本法的特征是对成本给予精确的计算，形成成本核算程序，为资源配置提供技术上的支持，克服传统方法的不足。

目前高校在教育成本核算方面存在诸多不足，这导致经过核算所得到的会计信息与高校内部成本分摊所依据的资源对象之间存在一定差异。

作业成本法因为其本身所具有的特性，在高校教育成本核算领域中得到了广泛运用，其优越性很明显。它能提供给高校准确的财务信息，也能给信息使用者提供决策参考。

（一）高校符合作业成本法的适用条件

1. 市场的竞争性

高校教育经费的投入方式和机制正在朝着多元化和市场化的方向发展，导致高校之间和院系内部的竞争日益激烈，这也带来了更多的风险考验。政府在分配财政资金、高校在评估教学效果以及社会公众在了解教育成本方面都需要精准、可靠的成本信息。

2. 产品的复杂性和差异性

因为高校包含的学科范围广泛、规模庞大，所以运用生均成本法来科学划分和计算教育成本相对较为复杂。但是作业成本法可以很好地解决这个问题。它可以准确地监测教育资源的利用情况，为我们提供翔实的数据与信息，包括不同年级、专业和学历的教育成本的构成和特点。借助这种方法，我们可以深入研究成本差异，为高校的成本管理和绩效评估提供有力的支持和帮助。

3. 直接费用比重小，间接费用占比高

高校通常划分为多个学院及部门，如二级学院、行政部门和后勤部门等。因此，教育的成本构成十分复杂，其中直接支出所占比例相对较小，而间接支出则相对较高。相当一部分的教育经费被用于支付行政和后勤人员的薪水、福利、水电费及工会费用，这些开支占用了教育经费总额相当大的比例。然而，因为这些费用与学生之间没有直接关联，所以不能单纯地将其全部归结于某类特定学生身上。采用作业成本法的计算方式，有助于高校在分配间接费用时有效解决生均成本法所面临的困难。

4. 高校组织结构清晰

高校的组织机构清晰有序，横向部门之间保持着明晰的平行关系，而纵向部门之间职能关联紧密，有着清晰的等级结构。采用作业成本法有利于支出和按照各部门、各项目划分费用，同时也有利于寻找有效的资源动因和作业动因。

5. 高校技术条件充足

为了在高校的成本核算中实现作业成本法的应用，需要具备一些必要的技术条件。目前，我国许多大学已具备了相应的信息化系统，并拥有丰富的技术和知识人才。技术支持不仅可以帮助高校运用作业成本法计算教育成本，还为高校开发定制成本信息系统提供了技术保障。

（二）新《政府会计制度》作为制度保障

随着新《政府会计制度》的实施，高校在会计要素、核算基础、会计报表以及日常主要业务核算等方面经历了重要转变。过去，由于《事业单位会计制度》和《高等学校会计制度》的限制，高校教育成本核算工作无法得到有效开展。制约因素之一就是收付实现制的会计核算基础，因为采用收付实现制会计方法导致难以准确反映投入与产出之间的因果关系。另一项约束是原“支出”会计要素，它记录的是高校在各种活动（包括科研、教学、行政）中使用的资源总量，无法对这些活动进行单独的费用核算。

新《政府会计制度》采用了权责发生制度，并对会计核算模式进行了重新设计，从而实现了财务会计和预算会计的同时记录和平行管理。新制度强调采用权责发生制来确认财务会计要素。通过对财务核算要素进行优化和调整，将原本的“支出”要素替换为“费用”，明确了“支出”和“成本”的概念区分。实施新制度对于提升事业单位会计信息的准确性、促进资源分配的优化以及有效执行绩效管理等方面具有非常关键的意义和影响。此外，这项制度还为高校实行作业成本法来计算教育成本提供了有力的制度支持。

二、高校成本核算运用作业成本法的实践

（一）确定教育成本核算的基本要素

1. 明确成本核算对象

学生是承担教育成本的主体，选择他们作为成本核算的对象，并采用作业成本法进行核算更加合适。为了得到更精确的成本核算结果，可以根据成本分析和

管理的要求对学生进行更详细的分类。

2. 明确成本核算期间

在作业成本法下，制造业企业的核算期间与产品的生产周期一致。因此，在应用作业成本法进行大学作业成本核算时，可类比该原则。由于大学的政策规定为每学年初对学生的学费及住宿费等进行收缴，故为统一起见，以学年作为成本核算期间更为合适。

3. 明确成本核算内容

高校的教育培养成本通常包括人员支出、公用支出、对个人和家庭的补助支出以及固定资产折旧。其中与人才培养内容无关的费用支出，不应纳入教育成本核算内容。故而大学具体的成本核算内容大体包括：大学教职工的各项薪酬支出（含基本工资、津贴补贴、奖金、社保缴费等），与学生教学相关的科研支出（与学生教学无关的科研支出应予以剔除），公用支出（主要包含办公费、印刷费、水电费、交通费、物业费、培训差旅费等），对个人和家庭的补助支出中扣除离退休费、抚恤金、退职（役）费、救济费、子女学杂费等支出的剩余部分（包含办公费、水电费、物业管理费、工会会费等），固定资产折旧。

（二）作业划分、建立作业中心和确定作业动因

1. 作业划分

大学的主要职能是进行教学，其次是承担科研任务。本书只针对教育成本进行研究，暂时不将科研工作纳入研究范围，由此将作业划分为主要作业（即直接参与教学的作业）和辅助作业（即为学生提供服务但不直接参与教学的作业）。其中，主要作业包括课程教学、课程设计实验、校内外实训、毕业实习、毕业论文等，辅助作业包括学生档案管理、图书管理、学生补助、党务工作、资产管理、物业服务等项目。

2. 建立作业中心

作业中心就是相似或相关作业的集合体。为方便核算，同时又能合理分配成本费用，作业中心将根据大学的部门职能建立。考虑到各职能部门作业内容的性质及特点，具体划分如表 2-3-1 所示。

表 2-3-1　作业中心划分表

作业中心	职能部门	作业内容
教学活动中心	经济管理学院等教学单位	课程教学、实验实训、毕业论文等

（续表）

作业中心	职能部门	作业内容
教学辅助中心	教务处、图书馆、信息网络中心	教务管理、档案管理、图书借阅、教学设备维护等
学生管理中心	学生处、学工部、招就办、校团委	生活补助、奖学金发放、思想政治管理等
行政管理中心	人事处、财务处、党委组织部等	人事管理、党务工作、财务工作等
后勤管理中心	后勤管理处、安稳处、资产管理处	住宿管理、清洁绿化、资产管理、安全保卫等

3．确定作业动因

在对大学的作业动因选择上，应该注意到作业驱动因素与作业本身及其成本之间的因果关系，从而针对大学的五个作业中心确立作业动因。对于教学活动中心而言，不同学院产生的教学支出可以直接追溯，并计入各学院的教育成本中；教学辅助中心、学生管理中心和行政管理中心是针对全部的学生群体进行的相关管理工作和服务，故直接将实际学生数作为作业动因更为合适；对于后勤管理中心来说，由于综合性较强、涵盖范围较广，按照实际学生数占大学总人数（学生数和教职工数的总和）之比来分配作业更为恰当。

（三）确定资源项目和资源动因

1．高校作业资源分类

按照我国高校的实际运作情况，资源可以进一步分成三类。首先是终结资源耗费，可以直接对应到成本最终的分配对象——学生，如与学生补助相关的支出。其次是作业专属资源耗费，该类资源只对应某一特定类型的作业，可直接归集到相关的作业中心，如用于行政办公的一部分公用性支出和固定资产折旧。最后是混合资源耗费，在发生耗费时会涉及多个作业环节或多种成本对象，是大学在教学活动中所产生的间接费用，具有一定的综合性，如公用支出中的水电费、交通费等，需先对其进行合理分解，再进行分配。

2．资源动因分析

确定合适的资源动因是将种类众多的资源合理分配到作业中心的前提。对于在编教学人员的薪酬，由于大学教师同时从事教学和科研两种作业，因此将教学任务量所占教学与科研任务总量之比确定为资源动因，从而更方便地对其薪酬进行分配。考虑到大学信息获取的可行性，对于大学学生在校期间所发生的水电费、供暖费等间接费用，按照师生的总人数分摊水电费、按照占地面积分摊供暖费更为合理，同时由于部分学院和专业的特点，其专门设定的实验基地、实验室等也需要耗费大量水电，则该部分水电可直接计入相对应的学院中。对于行政人员薪酬、学生的补助、固定资产的折旧等耗费，则可以直接归集到相应的作业中心。

（四）大学教育成本核算模型

本书结合以往学者的有关研究成果，对大学进行了基于作业成本法的大学教育成本核算模型的搭建，如图2-3-1所示。其中，有一部分对学生的补助（如奖学金、助学金等）只面向特定类别的学生，故而可以直接归集分配给对应的成本对象；对于与教学相关的科研支出，可直接计入教学活动中心；对于培训费、材料费、办公费、咨询费等资源耗费，可以依照个人报销单等财务凭据追溯到费用发生的具体部门，再根据部门归属到相应的作业中心。

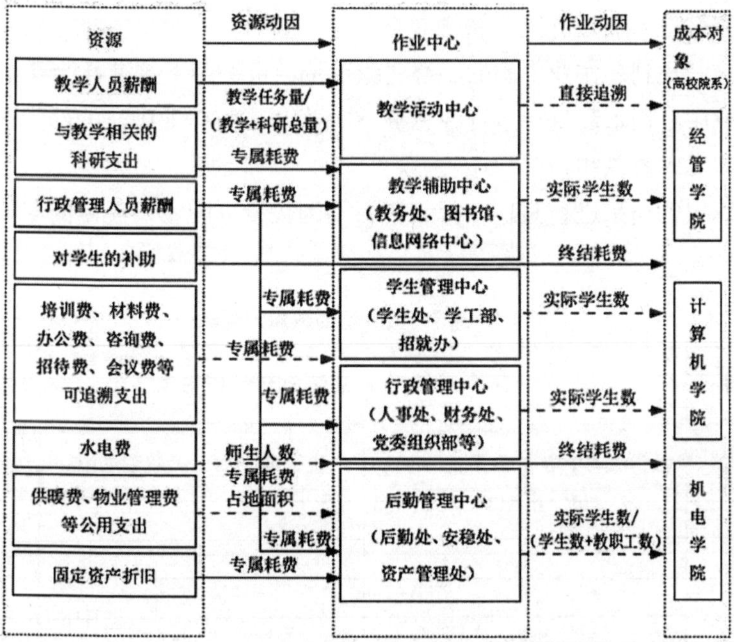

图2-3-1　基于作业成本法的大学教育成本核算模型

1. 根据资源动因将资源分配给作业

首先，对大学中不同学院全日制本科生所耗费的混合资源项目及资源动因进行整理分析，其主要包括公用支出中的水费、电费、供暖费、物业管理费等间接费用，从而形成混合资源分配表，如表2-3-2所示。

表 2-3-2 混合资源分配表

资源项目	资源动因	资源价值 / 元	资源总量	资源分配率
水费	供水		师生人数	
电费	供电		师生人数	
供暖费	供暖		占地面积	
……	……		……	
物业管理费	物业管理		占地面积	

表 2-3-2 中，资源分配率计算公式如下：

资源分配率＝资源价值 / 资源总量

对于应归集到各作业中心的混合资源数量，可按照下式进行计算：

某作业中心用水数量＝水资源总量 ×（隶属于该作业中心的部门人数 / 大学学生与教职工人数总和）

将计算出的结果进行整理，得到资源动因数量分配表，具体内容如表 2-3-3 所示。

表 2-3-3 资源动因数量分配表

资源项目	资源动因数量				
水费	教学活动中心	教学辅助中心	学生管理中心	行政管理中心	后勤管理中心
电费					
供暖费					
……	……	……	……	……	……
物业管理费					

接着，根据计算出的混合资源的分配率可以将上述资源分配至各作业中心，同时也将专属的资源消耗计入对应的作业中心中，得到资源耗费情况分配表，如

表 2–3–4 所示。

表 2-3-4　资源耗费情况分配表

资源项目	资源价值总额	资源分配率	作业中心				
			教学活动中心	教学辅助中心	教学管理中心	行政管理中心	后勤管理中心
在编在岗教职工薪酬		—					
教学科研费		—		—	—	—	—
材料费		—					
办公费		—					
培训费		—					
水费							
电费							
供暖费							
物业管理费							
折旧费		—	—	—	—	—	
……	……	……	……	……	……	……	……
合计		—					

表 2–3–4 中，部分资源无法直接将全部耗费计入相对应的作业中心，应该将其按照适当比例折算出的结果予以计入，因此需要进行折算的项目如下：

应计入教学活动中心的教学人员薪酬＝薪酬总额 ×[教学任务量 /（教学任务量＋科研任务量）]

非教学中心的其他职工薪酬等于薪酬总额 ×（隶属于该作业中心部门人员 / 大学行政管理人员总数）

此外，公用支出应计入各作业中心的金额计算公式如下：

应归集到某作业中心的费用＝资源分配率 × 归属于该中心的资源动因数量

2．根据作业动因将作业分配给成本对象

首先，根据作业动因同时结合表 2–3–4 所计算出的各个作业中心的作业成本，计算作业成本分配率，并编制作业成本分配率计算表，如表 2–3–5 所示。

表 2-3-5　作业成本分配率计算表

作业中心	作业成本（元）	作业动因	作业量	作业动因分配率
教学活动中心		直接追溯		—
教学辅助中心		实际学生数		
学生管理中心		实际学生数		
行政辅助中心		实际学生数		
后勤辅助中心		实际学生占比		
合计		—	—	—

表 2–3–5 中，按照后勤管理中心的作业动因计算出的归属于教育成本的作业成本计算如下：

后勤管理中心归属教育的作业成本＝总后勤作业成本 ×（大学实际学生数＋教职工数）

接着，根据成本对象所消耗的作业量和利用表 2–3–5 计算出的作业成本分配率计算不同学院全日制本科生的教育成本，并编制出作业成本计算表，如表 2–3–6 所示。

表 2-3-6　作业成本计算表

作业中心	教学活动中心	教学辅助中心	学生管理中心	行政管理中心	后勤管理中心	合计
作业动因分配率	—					—

（续表）

作业中心	教学活动中心	教学辅助中心	学生管理中心	行政管理中心	后勤管理中心	合计
经管学院	作业量					—
	作业成本					
……						
作业成本合计						

表 2–3–6 所需要用到的计算公式如下：

某成本对象应分配到的作业成本＝该作业中心的作业动因分配率 × 对应作业量

根据以上有关资料，即可以计算出作业成本法下大学不同学院的全日制本科生的生均教育成本：

大学某学院本科生生均教育成本＝（该学院作业成本合计数＋本学院学生所获得的奖学金、助学金等直接成本总额）／该学院约当学生数 × 全日制本科生约当系数

其中，约当学生数应按照《高等学校教育培养成本监审办法（试行）》计算，本科生、硕士研究生、国外留学生的权数分别为 1、1.5、3，计算公式如下：

约当学生数＝本科生人数 ×1 ＋硕士研究生人数 ×1.5 ＋国外留学生 ×3

第三章　当代高校资产管理创新

高校资产管理涵盖对固定资产和无形资产的管理。高校资产是我国教育资源的重要组成部分，将其优化配置与运用是每个高校工作者的共同责任，既要避免重复采购、过度配置，也要避免闲置与浪费。而且在资产采购与使用后，高校还要做好事后的资源管理绩效评价工作。

第一节　高校资产管理概述

一、资产及高校资产的概念

（一）资产的概念

资产是一种可以投入经营和生产的生产要素，能够产生经济效益。会计学中定义资产通常以货币计量，是由企业拥有或控制的经济资源，既是企业用来运营周转的工具，也能为企业带来经济效益。综上，资产就是一种以货币形式计量的、具备服务潜力的经济资源，能够让所属产权主体产生经济效益。

（二）高校资产的概念

高校资产对于我国来说，是一种重要的教育资源，属于国有资产，为高校在教学及科研等方面提供了物质基础，为高校生存、发展提供有力的支撑。高校资产与其他各种资产的共同属性及特点相同。根据 2022 年财政部、教育部颁布执行的《高等学校财务制度》第四十二条和第四十三条："资产是指高等学校依法直接支配的各类经济资源。高等学校的资产包括流动资产、固定资产、在建工程、无形资产、对外投资、公共基础设施、政府储备物资、文物文化资产、保障性住房等。"这就是我国对高校资产的定义。因此，高校资产也包括流动资产、无形资产、对外投资以及固定资产等。所以说，高校资产可以作为一种经济资源，这种资源能够直接为高校所用，或者与其他资源或产业相结合，间接为高校的教育事业等提供物质保障。另外，高校的资产同样以货币计量，由高校占有和支配，其他单位或企业无权使用。高校资产同样包括各种债权、财务资产以及其他权利，也可以分为有形和无形财产。

二、高校资产的形成

高校对所拥有的资产只有使用权和占有权，并没有实质上的控制权，高校资产所有权由国家持有，这是高校资产最不同于其他资产的地方。

计划经济时代，国家实行全收全支型管理模式，集中管理高校，统一安排高校的招生计划以及教育经费，国家拨款成为高校资产的主要来源，实行“报销式”拨款模式，即“花钱靠拨款，缺口向上要，结余全上交”的运行模式。而随着市场经济的快速发展，越来越多的高校响应国家号召自主办学，打破了原有的“报销式”拨款的办学模式，高校的资产组成逐渐丰富起来，国家拨款依然是主要的经济来源，还增加了学费、社会捐赠、产业经营收入、科研经费、投资性收益等多元化、多渠道的筹资来源。

高校资产通常包括六个方面的资金来源：①国家财政拨款；②按国家规定使用资产组织的各项收入，包括预算外的收入以及其他各项收入；③社会组织、机构及个人的捐赠和资助；④高校投资产生的收益；⑤科研、知识产权、商誉等各种无形资产；⑥银行贷款。高校所涉及的领域也有了很大的变化，由原来的科研、教学逐渐拓展到金融、科技、服务业、商业等各个领域，逐渐发展成集成型的事业法人。

三、高校资产的分类

（一）按经济性质分类

根据经济性质来看，高校资产有经营性资产和非经营性资产两种，这两种资产并存是高校资产的重要特点。经营性资产就是由校办企业或高校兴办、经营的公司、产业，非经营性资产指高校按照国家教育事业的规划发展和进行科研项目所占用的资产。高校不断扩大发展规模，投资领域的范围越加宽广，投资项目也越来越丰富，预算外资金在总资金中占据的比重也就越来越大。

1. 高校经营性资产

保值是高校资产经营的前提，增值是高校资产经营的目的，经营性资产就是直接投放到生产经营当中的高校资产。营利是高校经营性资产存在的主要目的，如投资项目、校办产业等，这种类型的资产通常经历了由少到多的发展过程，经济总量在这个过程中逐渐发展壮大，例如，有些高校最初只有一些小卖部、小型印刷厂及招待所等，为高校的正常运转提供后期保障，而后逐渐扩大规模。而如今，各种市场前景较好、科技含量较高的产业逐渐出现，为高校提供了更多的选择，还有一些高校逐渐开设自己的公司或企业，其利润为高校教育事业的发展提供了经济支持。

2. 高校非经营性资产

高校为完成教育目标而占有、支配使用的资产，不会参与到生产经营活动中，这些资产就是非经营性资产。高校非经营性资产不需要直接参与到各项生产经营活动中，因此不具备增值性的特点。这种类型的资产主要包括各种科研教学的设备、地产、建筑、图书资料、文物等。

高校资产的经营性和非经营性的划分并不固定，需要高校根据自身发展的实际需要，按照资产管理的相关规定进行操作，从而完成非经营性资产到经营性资产的转化。

（二）按流动性质分类

1. 固定资产

根据《高等学校财务制度》第四十七条："固定资产是指使用期限超过一年，单位价值在1000元以上，并在使用过程中基本保持原有物质形态的资产。单位价值虽未达到规定标准，但是耐用时间在一年以上的大批同类物资，作为固定资产管理。"通常情况下，购入、换入、接受捐赠、无偿调入不需安装的固定资产，在固定资产验收合格时确认；购入、换入、接受捐赠、无偿调入需要安装的固定资产，在固定资产安装完成交付使用时确认；自行建造、改建、扩建的固定资产，在建造完成交付使用时确认。固定资产同时满足下列条件的应当予以确认。

①与该固定资产相关的服务潜力很可能实现，或者经济利益很可能流入政府会计主体。

②该固定资产的成本或者价值能够可靠地计量。

高等学校的固定资产明细目录由国务院教育行政主管部门制定，报国务院财政部门备案。

2. 无形资产

高校无形资产指在高校拥有的资产中，有一部分资产虽然不以实物形态存在，但能够在高校进行各种经济活动时发挥一定的作用，能够为高校提供可能超过同行收益的效益，是一种稳定的经济资源。高校无形资产主要存在于高校科研、教学、管理、技术服务及社会经济中，大致可归纳概括为以下三个方面：权利方面，包括著作权、版权、专利权、商标权以及土地使用权等；技术方面，包括科研信息、教学经验、管理经验等；内涵方面，包括高校在校园文化、教学质量、办学水平等方面共同产生的高校整体形象、威望、声誉及知名度等。

3. 流动资产

流动资产指的是在一年内或长于一年的管理周期内消耗或者变现的资产，是高校资产结构中流动性较强的一部分，其中包括现金、银行存款、短期投资、存货、应收、预付款项等，能够保障高校的权益，并明确其他相关债权人的权益。流动资产根据其变现能力的强弱顺序加以划分，为债权人进行信贷决策提供相关的清算信息。

第二节　高校资产管理中存在的问题及对策

一、当前高校资产管理中存在的问题

（一）资金闲置多，成本高，缺乏健全的风险管理机制

当前，虽然我国高校资金来源渠道少、资金量小，但为及时归还迫在眉睫的大额债务和高额利息，需要经常储备大量的资金，结果导致资金闲置多、成本高。

在国家财政投入少，高校资金来源少，招生规模越来越大的窘迫处境下，为满足教学需要，特别是为满足学生住宿、上课教室等硬件需要，高校只能想尽一切办法从国家金融机构、租赁公司、个人等处获得各种长短期债务资金，急剧扩展占地规模，加大房屋建筑物等基础设施建设，但是这样却导致高校债务问题日益突出，有的高校资产负债率在80%以上，利息负担重，资金成本高，债务压力大。同时，由于高校要应付即将到期的债务（绝大部分高校是借新债还旧债，债上加债，债务像滚雪球一样，越滚越大），加上申请借款到资金到账时间较长，也较为困难，高校通常留有较多的货币资金，以备不时之需，部分高校每月末的存款达到5000万元以上。这样，一方面导致高校大量资金闲置浪费，另一方面高校又必须支付高额的利息费用。究其原因，一是形势所迫，解决扩招学生的吃、住、用（教室、图书馆等）是迫在眉睫的急事、大事，不靠自己贷款是

永远解决不了的；二是高校普遍存在这样一个意识：高校是事业单位，履行教育科研职能，再多的债务都有国家做后盾，国家不希望也不会让高校破产，因此债务多少不用管，但资金偿还、借入的周转链条不能断（一般资金周转链断裂，高校信用立即降低，就会导致无法借到资金，严重影响高校以后的发展）；三是高校普遍缺乏经济活动风险定期评估管理机制，缺乏健全的债务内部管理制度，未能充分有效开展项目论证，缺乏应有的风险防范意识和相应的风险管理机制。

（二）往来款项多，期限长，缺乏成形的清理催缴机制

高校往来款项科目设置较多，年末余额较大，期限较长。虽然高校每年年终决算时都进行了清理结算，特别是职工借款，也下发有关的催缴通知，但缺乏有效的往来款项清理催缴机制和强硬的管理机制，通知下发后只有极少数人来财务部门处理，绝大部分款项只能长期挂账。对于无法收回的应收及垫付款项，没有及时查明原因，分清责任，没有按规定程序报批核销，导致学校资金被长期占用，无法充分发挥其应有的效用。

（三）税务管理乱，垫款多，缺乏应有的纳税筹划机制

高校当前面临的社会环境越来越复杂，竞争越来越激烈，形势越来越严峻，高校要发展只有走向市场，迎接挑战，利用自身优势向社会提供各种服务，包括加大科研课题申报力度，扩大短期培训范围，提高培训质量和收费标准，召开各种研讨会议，加大高校周边房屋出租和教学场地出租、出借等各种活动。但是高校开展这些业务收取款项时，为避免每年的财政非税票据检查（国家财政对财政非税票据的管理越来越规范和严格，为避免随意开具财政票据而被财政没收的开票资金，高校通常不敢随意开具财政票据收取服务性收入），都开具了相应的税务发票，涉及的相关税费（包括增值税、营业税、城建税、教育费附加、企业所得税、印花税等）在“统一领导，分级（分类）管理，集中核算”的财务管理体制和“重心下移，责权下放，绩效考评”的财务运行机制下，由学校统一垫付各项税费，然后再由学校财务部门通知责任部门归还其税费。除此之外，按照惯例，高校每个学期末、每年年末除正常工资外会发放大量的课时津贴、加班补贴、劳务费、学期奖励、超课时奖励等。因发放金额较大，从而导致个人所得税税负较高。如此就带来三个问题：一是高校统一垫付各项税费后，由于缺乏相应的垫付款催缴机制和严格的管理机制，相应的责任部门并没有及时把其税费划转到学校，有的甚至就忘了这个事项，导致学校垫缴的税费资金较多，影响了学校的资金安

排；二是高校每个学期末、每年年末发放的课时津贴、加班补贴、劳务费、学期奖励、超课时奖励等不能事先进行平均分散到每个月，而是集中到某一个月发放，这样导致无法合理地降低个人所得税税负；三是高校开展的对外培训、咨询及服务业务所收取的款项，是否都开具税务发票缴销各项税费，高校并没有一个完善的应对措施。由此证明，高校缺乏完整的税务管理机制和纳税筹划机制。

（四）重复购置多，管理差，缺乏健全的批购用保机制

在高校学生规模、占地规模、资产规模急剧扩大的情况下，高校拥有的资产总额较低的过亿元，较高的过百亿元，规模更大的甚至过千亿元。面对如此大规模的资产，高校普遍存在重复购置、使用随意、管理混乱、使用效益低下、资产流失严重等问题。

1．固定资产审批、采购、验收不规范

高校财务管理体制和运行机制赋予了校内各部门预算执行和支配的权力，这主要是由于财务权力的下放和自主管理。每个部门和个人需要根据自己的需求进行固定资产的采购，虽经过了相应的申请和批准程序，但缺乏整体性和前瞻性。相应的优化配置也未得到妥善安排，且在购置过程中没有严格遵守“必须、节约、有效、统调”的原则。在高校内，各个部门都配有独立的办公场所、会议设施和科研实验室。随着部门数量的增加，相应的场所数量也会增加。在这种情况下，由于各个场所的配置差异性不明显，因此不可避免地导致高校出现重复购置、闲置或浪费固定资产的问题。

有的高校在购置固定资产时，各部门没有执行标准化采购程序或与指定供货单位签署协议。与之相反，校内各部门自行选择供货单位，价格由各部门与供货单位协商确定。虽然一些学校采用了集中招标、统一采购的方式，但常常会面临延迟交货、高价和低性能等问题。此外，一些固定资产包括设备、器具和工具等购买后，也没有经过严格的验收程序。学校的固定资产并未通过资产管理人员亲自验收确认，而是根据经办人所提供的购买发票和合同资料来进行确认，然后在经办人完成的固定资产验收单上签字盖章记录。因此，学校固定资产的采购和验收的规范性较为欠缺。

2．固定资产日常管理不规范

随着高校规模的扩大和职能部门数量的增加，其固定资产数量也随之增长。不过，因为对于固定资产管理的重要性没有充分认识，导致各个职能部门并没有为此设立专门的资产管理人员，而是随意指派其他人员兼职管理。这些兼职管理

人员并不具备与固定资产管理相关的专业知识和经验。此外，缺乏可行的管理措施、约束措施和损害赔偿机制。没有确切的清单、登记记录、定期盘点管理，也没有有效的统一管理和配置制度，导致固定资产管理缺乏组织性、规范性，各部门使用固定资产的方式也变得随意。一些高校内部部门自行分配了会议室和实验室，这些场所日常事务的管理也是由这些部门人员自行负责。存在部门人员利用这些资源举办各种培训、讲座等活动并收取相应费用的现象，这是缺乏有效的资产管理和监督机制的结果，而这些资金成为各部门独立支配的“小金库”。

一些高校虽然设立了资产管理部门，但是由于缺少有效的监督和激励机制，这些资产管理部门在处理固定资产方面仅限于简单的批准和记录。在采购时，往往会忽视价格；在验收时，不关注物品的实际情况；在使用时，缺少明确的规定；在盘点时，存在不清楚资产行踪的问题。许多设备存在遗弃、盗窃、遗失、损毁或者长期未经处理而变得废旧的现象，这导致固定资产的使用效率低，无法得到良好的保养和维护，其价值也因此大幅度降低，严重浪费了资源。

3. 固定资产出租、出借、报废不规范

尽管高校资产管理部门已经有了本校的资产管理规定和实施细则，但由于缺乏有效的集中调配和管控机制，再加上高校的教学科研特点，致使一些高价且易流动的设备（如计算机、投影仪、录音设备等）被某些人长期非法占有，导致其他人无法公平、合理地使用。在学校的审批程序被忽视的情况下，部分部门会将学校的设备、房间和实验室私自出租或出借，而学校承担相应的维修和维护费用。这些部门私自保留了收取的租金和劳务费用，只有在学校加强管理时，他们才会上缴收取的租金和劳务费用。高校在处理固定资产报废方面存在严重规范化不足的问题，这是由缺乏有效的定期清查、追踪和管理机制等导致的。因此，会出现许多设备不按规定进行报废处理，而是被长期闲置、挂账、损坏等的现象。也会存在一些设备或建筑物已被处置、转让，但仍然在账目上长期存在，而没有被未核销的记录。由于过早地报废了仍有使用价值的资产，导致国有资产以较低的价格出售，这对高校的资产是一种极大的损失。

（五）对外投资少，效益差，缺乏科学的决策管理机制

为了应对市场竞争的激烈程度，要将科技成果转化为重要的生产力资源，以提高高校的知名度和影响力。高校利用教学和研究方面的优势积极投入各种校办企业和公司的创办和发展中，以扩大其市场占有率。然而，由于高校的资金有限，它们对外投资仍相对有限，且投资领域也相对不足。高校在对外投资方面缺乏对

投资风险的充分认识，缺乏有效的防范措施和市场经验，对投资方案的可行性研究往往不够仔细，同时还缺少严格的授权审批、风险控制、投资管理、会计控制与责任追究制度。这些问题导致了高校对外投资呈现出混乱、无序等的状态，甚至出现了盲目投资和无效益的情况。

二、强化高校资产管理的基本策略

资产良好运行及效能作用的正常发挥取决于高校平时科学严格的资产管理、维护和保养体系。因此，强化资产管理措施，落实管理、使用、维护职责，着力解决重复购置、使用随意、管理混乱、资产流失严重等问题，充分发挥资产应有的作用，实现资产的保值、增值是高校当前资产管理工作的重中之重。

（一）建立健全风险管理机制

面对国家财政投入少、学费住宿费收入少、债务资金比重大的挑战，要满足教学科研需要，高校就必须改变“债多不怕主，国家做后盾”的思想，采取有效措施，拓宽资金来源渠道。

1. 加强资金管理

严格执行不相容岗位相互分离制度、对账制度和稽核制度。定期盘点库存现金，核对银行账目，杜绝坐支现金和白条抵库，严格执行“收支两条线”的规定，严格遵守库存现金限额管理，严格按《现金管理暂行条例》规定的现金使用范围使用现金，消除资金管理中的安全隐患。

2. 积极争取国家政策支持

主动与财政部门、教育主管部门和发展改革委员会等部门进行沟通，扩大高校办学自主权，大力争取财政专项资金，确保国家财政拨款稳步增长。

3. 加大高校学费、住宿费清理催缴力度

通过电子信息化系统，提高学费缴纳效率。设立学生个人缴费档案，核对学生基本信息、应缴费用、收据编号、生源地贷款和学费减免等。同时，加强高校内部部门之间的合作和沟通，加大学生学费、住宿费等的清理催缴力度，有效避免欠费问题的出现。高校要采取严格管控，确保财务账目收支两条线的管理工作，及时上缴财政专户，积极争取财政返拨以满足高校教学科研的资金需求。

4. 利用高校的教育资源优势和高校良好的社会影响

努力扩大函授、夜大、短期培训、脱产等办学规模，积极开展社会有偿服务，通过社会捐赠、赞助、盘活资产、开展合作等途径，以及校友会、基金会等多种形式，广泛吸纳社会资金，精打细算增加高校收入，为社会提供优质的教育服务，为高校增加办学资金，更为广大社会人员解决知识不足和文凭不够等问题。

5．加强票据管理

严格按照规定程序办理票据的领用、发放、开具、收缴、核销等手续，确保票据的安全。

6．规范收费工作

严格按照发改委批准的收费标准收费，收费时必须开具收费票据，不得扩大收费范围和提高收费标准，更不能自立名目收费，严格执行“收支两条线”的管理规定，不得随意截留、挪用资金，确保资金足额收取、足额上缴。

7．保持和加强与银行等金融机构的战略合作关系

积极争取信贷资金，同时通过处置或置换高校闲置校区地产，优化配置高校资源，最大限度地筹集办学资金，努力降低高校债务，减轻利息负担，降低资金成本，确保高校又快又好地发展。

8．建立完善风险评估和预警机制

根据财权与事权相结合的原则，各相关部门需协同合作，建立完善的资源分配机制，将目标、责任、绩效作为决策依据，建立有效的风险评估与预警机制，从而加强债务内部管理制度，有效避免财务风险。要加强资金安全管理制度，将内控系统置于核心地位，同时强调集体决策对大额资金流动的影响，以确保支付授权审批程序的规范化。细化岗位职责分工，避免职务冲突，并定期提交风险评估报告，以保证资金安全。针对经济活动的风险点，工作人员需进行系统分析，并制定相应的风险应对策略。

（二）健全往来款项清理催缴机制

高校应该建立完善的机制，以解决多样的往来款项设置、大量的年末余额和资金长期期限等问题。要设立有效的贸易款项处理和结算机制，采用严格的管理方法，加大催款力度，优化贸易款项结构，缩短资金占用期限，以达到提高资金利用率的目的。对于管理高校职工的借款和垫付情况，可以采取一些措施如“加源头从紧，限期报销或归还，过期扣款”。所有校内部门和教职工的日常开销，如设备、办公用品、差旅费、住宿、会议、餐费和培训等，如果费用不超过 5000 元，必须使用高校发放给教职工的公务卡或银行贷记卡进行支付。在高校规定的报销流程中，经办人员报销后，高校财务部门在预定时间的一周前会将已刷卡的款项归还。针对大金额的设备采购，必须在验收货物并核对发票后才可支付款项，

不接受支票借支或提前汇款。针对长期未处理、难以追溯原因、无法收回或支付的应收款、垫付款和应付款等，必须确认责任人，并按照规定流程进行核销或转销，以降低未处理财务事项的数量。

（三）建立健全纳税筹划机制

要解决高校当前税务管理乱、个人税负高的问题，就必须加强税务管理，建立健全的纳税筹划机制。

首先，改变校内各部门开具税务发票所涉税费由学校统一垫付的现象，参照税务部门代开发票的处理模式，“先交税费再开发票”，凡要开具税务发票的必须先将税费全额交到高校财务账上，后给予开具税务发票，避免出现高校垫付相关税费后，长期收不回或忘记收回的情况。

其次，深入掌握和理解各税种的征税范围和减免税优惠，聘请高校税务专家全面分析高校收入中哪些属于不征税收入，哪些属于减免税收入，哪些属于征税收入，在账务处理时严格遵循税法的规定，设置专门的会计科目，严格单独核算征税收入，减免税收入与非涉税收入，避免“未分别核算的，合并征税；未单独核算的，不得享受减税、免税待遇”的行为。

最后，应将高校涉税收入与其对应的税种、税率、涉税环节、应纳税额的计算、缴纳期限和相应的减免税优惠条件进行详细的分析，努力创造与税收优惠相符的条件，将可能涉税的收入纳入减免税收入核算，最大限度地享受税收减税、免税政策，以达到降低税负的目的。如高校开展科学研究取得的科研课题费收入，只要经过省级科技厅确认就可以免征各项税费，为享受此优惠政策，高校应想方设法采取有效措施取得省级科技厅的确认。又如针对高校每个学期末、每年年末除正常工资外会发放大量的课时津贴、加班补贴、劳务费、学期奖励、年度奖励、超课时奖励等而导致阶段性税负较高的情况，高校可以采取下列三种方式进行纳税筹划，合理避税。

其一，利用个人所得税按月计算纳税的规定，把高校集中在每个学期末、每年末发放的课时津贴、加班补贴、奖励等事先进行平均，分散到每个月发放，这样能够避免个人所得税阶段性税负较高（即平时税负低，期末年末税负剧增）的问题；其二，利用全年一次性奖金个人所得税的计算规定，把学期末、年末加发的课时津贴、学期奖励等合并起来，按除以 12 个月后的商数确定适应的税率和速算扣除数计算缴纳个人所得税，享受年终一次性奖金的优惠政策；其三，制定相关课酬、津贴等转为科研课题费管理办法，把应当发放给教职工的部分课酬、津贴等划转到教职工个人的科研课题费中，允许教职工以合法有效的发票等票据报销相关费用。

（四）健全资产批购管理机制

要避免高校出现固定资产重复购置、使用随意、管理混乱、流失严重的现象，高校应当强化资产管理措施，健全资产批购用保管理机制，着力加强固定资产申报、批准、采购、验收、使用、维护、保管、处置等 8 个关键环节的控制，夯实资产基础，做实做细固定资产，提升资产管理效益，充分发挥资产有效功能，努力做到“物尽其用，用必有果”，彻底改变当前固定资产管理“采购时不管价格，验收时不看实物，使用时不知所何，盘点时不知所终”的现状。

1. 规范固定资产审批、采购、验收行为

（1）统一固定资产购置申报、审批程序，严格执行审批手续

高校应当制定具体可行的、规范的固定资产购置申报、审批程序，要求校属各部门在购置固定资产前，特别是在购置价值较大的固定资产前（如计算机设备、音响设备、实验室设备等），必须向高校资产管理部门提交购置申请，首先由高校资产管理部门在高校现有资产中统一调剂配置，若无法调剂且必须购置的，由申请购置部门组织相关专家会同资产管理部门、财务部门、监察审计部门等相关人员从技术性、经济性、实用性、必要性等多方面进行科学充分的可行性论证和效益评估，并提交一份由专家签署意见的固定资产购置可行性论证报告和效益评估报告，同时注明购置资金来源及金额（资金无来源或无预算的一律不得购置），高校资产管理部门受理申请后，严格按照“必须、节约、有效”的原则签署审批意见，并报高校分管领导审批（金额特大的，如一次性购置价值在 10 万元以上的必须经校领导会签或集体决策），高校领导同意后，由高校资产管理部门汇总统一安排下一步的购置活动，切实解决当前高校校属各部门购买设备的随意、无序状况的问题。

（2）统一固定资产采购办法，规范采购付款行为

高校应当建立健全固定资产政府采购预算与计划管理、政府采购活动管理等内部管理制度，明确相关岗位的职责权限，确保政府采购需求制定与内部审批、招标文件准备与复核、合同签订与验收、验收与保管等不相容岗位的相互分离，建立预算编制、政府采购与资产管理部门或岗位之间的沟通协调机制，规定统一的购置标准，限定合作单位为社会信誉好、产品质量高、售后服务棒的供货单位。坚持固定资产购置的决策、监督、执行、付款、验收等诸环节的有机结合，相互

制约，以达到合理配置和利用各项资源的目的，杜绝浪费和违法违纪行为。校属各部门必须根据批准的固定资产购置申请，按规定的标准编制采购预算，由学校资产管理部门按照已经批复的固定资产购置申请集中实施采购计划，采用公开招标形式，定期、统一、集中招标采购，改变当前由校内各部门自行选择供货单位，价格由各部门与供货单位协商确定的零星、随意的采购行为的现状，增加设备采购的透明度，尽可能以最少的投入获得最大的社会效益及经济效益。公开招标必须实施归口管理，由高校资产管理部门会同财务部门、审计部门、纪检监察机关统一负责，具体落实公开招标的整个过程。按规定确定中标单位后，由申请部门、资产管理部门和供货单位签订具体的经济合同，明确三方的权利、义务，同时加强合同签订、履行过程的严格监控。对于影响特别大、涉及较高专业技术或法律关系复杂的合同，应当组织法律、技术、财务、审计等工作人员参与谈判，必要时可以聘请校外专家协助工作。资产管理部门应当对合同实行全过程管理，加强合同登记管理和合同信息保密管理，定期对合同进行统计、分类、归档，详细登记合同的订立、履行、变更和完成情况。合同履行中因特殊原因导致无法按时履行的，应当严格按照国家有关规定及时采取有效应对措施，签订补充合同或变更、解除合同，谨防合同纠纷。高校财务部门应当严格按照签订的合同，根据经办人按规定办齐手续的合法票据报销单据按时足额付款，并严格审查审批手续是否完备、票据是否合法、经费是否到位。

（3）统一固定资产验收办法，规范验收程序

高校应当制定统一的固定资产验收办法，严格固定资产验收手续，指定资产管理部门和监察审计部门等专人亲自对所购设备的品种、规格、型号、数量、质量、单价、金额和其他相关内容进行实地验收，详细登记验收固定资产的各项指标（品名、规格、型号等），明确保管责任人和资产使用人，落实存放地点，并出具验收报告，以防止有名无实、虚领谎报，随意侵吞高校资产的违法违纪行为。

2. 规范固定资产日常保管、使用、维护维修行为

高校应当健全固定资产事前、事中、事后管理相结合，日常监督和专项监督相结合，配置、使用、处置相协调和良性循环的具体管理办法，专门设置资产管理岗位，明确相关岗位的职责权限，特别是落实保管责任人、使用人在资产保管、使用中的责任和相关要求，建立健全固定资产用管约束机制、激励机制和损坏赔偿追究机制，强化对固定资产配置、使用、调剂、处置等关键环节的管控，规范固定资产的使用行为。

首先，资产管理部门应当按照国家相关要求，健全资产信息管理系统，借助

现代信息技术手段，做好固定资产的统计、报告、分析工作，全面及时掌握高校的固定资产管理信息，实现对固定资产入口、使用到出口等各个环节的动态管理，并对固定资产实行分类、归口、集中管理，落实资产管理部门的责任，认真做好固定资产的使用管理工作，在高校内部实行资源共享，优化配置，统一调度，调剂使用，建立健全固定资产使用目标考核责任制，对高校固定资产实行绩效管理，充分调动高校各部门及相关人员的积极性，全面发挥固定资产最好的功效，最大限度地提高使用效率，避免闲置和浪费，为管好、用好固定资产奠定基础。

其次，严格固定资产保管及使用行为，安排专门人员负责固定资产的保管，强制要求高校所有固定资产集中保管（若确实无法做到，则除教室、会议室等不可移动设备由资产管理部门集中保管外，电脑设备、投影设备、摄影设备等可由各部门集中保管），统一安排使用。在使用时，由使用人填写固定资产使用申请表，列明使用事由、使用期限，报部门负责人审批同意后，由保管人将其所需固定资产移交使用人，并向使用人提出具体的要求，提醒其按期归还，健全固定资产交接制度。在使用过程中，保管人应当对使用人使用固定资产的情况进行监督检查，使用人必须无条件接受保管人的监督检查（涉密的按规定执行）；且保管人还需发现问题并及时提出整改意见和建议；防止固定资产使用中的不当损失和浪费。

最后，加强固定资产的清查盘点和日常维护维修的管理。资产管理部门和部门资产保管人应当健全固定资产财产清查制度和损坏赔偿责任追究制度，设立专人、专岗负责定期对所占有、使用的固定资产品种、数量、存放地点、使用人、保管人、使用状态等进行清查盘点（包括基本情况清理、账务清理、财产清查、损益认定、资产核实和完善制度等），做到家底清楚，账、卡、物相符；定期检查固定资产使用状态和检测设备运行状态，定期进行保养。若需要维护维修，先保证在售后“三包”服务期内由供货方或生产厂家解决，无法在“三包”服务期内解决的，统一由高校资产管理部门安排专人负责解决，维护维修费用统一从高校预算安排的设备维护维修费中列支。

3. 规范固定资产出租、出借、报废处置行为

高校对固定资产实行集中管理、统筹安排、优化配置、调剂使用后，对于暂时不用且不宜处置的，由资产管理部门集中起来，进行必要的可行性论证，再经主管部门审核同意后，可以统一办理固定资产出租、出借。在出租、出借时必须办理相关报批手续，详细登记出租、出借固定资产的品种、规格、型号、数量、质量、单价、金额和其他相关内容，并与需求方签订相关资产出租、出借合同，

具体明确双方权利，明确出租、出借期限、租金金额及付款时间和付款期限，租金交纳方式和交纳地点等内容后，方可统一对外出租、出借。同时，必须将租金收入全部纳入高校统一核算统一管理，相关支出由高校资产管理部门统筹安排，实行“收支两条线”管理，充分挖掘固定资产潜力，最大限度地发挥固定资产的使用效益。

对于闲置的、报废报损的、非正常损失的、已超过使用年限确实无法使用的固定资产，先由高校资产使用部门提出处置申请，经高校资产管理部门组织校内外专家进行充分的论证，并出具固定资产报废处置签订意见；然后由高校资产管理部门统一向上级主管部门办理资产报废、处置的相关审批手续，经上级主管部门批准后，招标、聘请具有相应资质的评估机构进行资产评估。以评估价为底价，按照公开、公正、公平的原则采用拍卖、招投标、协议转让等方式进行公开处置，增加固定资产报废处置的透明度，并将处置收入纳入单位统一核算，实行“收支两条线”管理，坚决杜绝“小金库”的出现。

4. 规范固定资产会计核算，健全固定资产盘存制度

高校应当规范固定资产的会计核算，明确高校各部门的职责权限。按照当前高校的固定资产核算模式，高校资产管理部门和财务部门都有责任分别对固定资产进行会计核算。

高校财务部门应当采用账务处理系统对固定资产增加、减少、结存的总账、明细账核算，严格按照《高等学校财务制度》的规定对固定资产进行分类核算。分为六类：①房屋及构筑物；②专用设备；③通用设备；④文物和陈列品；⑤图书、档案；⑥家具、用具、装具及动植物。

高校资产管理部门应当使用固定资产管理系统对固定资产进行较为全面的总账、明细账、卡片账三账一体的详细会计核算和恰当的数量管理，设置专门岗位，安排专人负责高校固定资产的核算。在固定资产管理系统明细账和卡片账中应当详细记录固定资产数量、金额、规格、型号、使用单位、使用人、存放地点、保管人、外观形态（即外观完好还是有损伤，损伤状态如何）、性能状态等，确保固定资产账、账卡相符。

同时，高校财务部门和资产管理部门应当按照定期清查盘点结果及其原因进行规范的账务处理，对确实已处置转出、投资转出、被盗、遗失、拆除的设备或房屋、建筑物等，应当及时根据相应的处置报废资料从账务处理系统和固定资产管理系统中核销；对于清查盘盈的固定资产，同样要按重置价格或市场价格，及时在账务处理系统和固定资产管理系统中增加，避免账实不符。

另外，当前各高校校园内种植了数量多、品种多的花草树木，也储藏着较多的文物和纪念品（如某高校校庆时各兄弟院校制作并赠送的各种纪念品、庆贺品等），但这些东西都没有在高校账务处理系统和固定资产管理系统中反映出来，因此高校相关部门应当规范高校动植物、文物和纪念品等的核算，完善高校固定资产会计核算制度，全面反映高校固定资产的实情。

（五）健全对外投资管理制度和责任追究制度

为适应激烈的市场竞争形势，高校需要改善对外投资时的不良状况，包括对外投资较少、范围较小、投资风险防范意识较差等。为了实现这一目标，必须完善对外投资管理制度，明确投资管理岗位的职责和权限。确保对外投资的可行性研究与评价、对外投资决策与执行、对外投资处置审批与执行不相容岗位相互分离。为了做好这项工作，高校领导班子应该集体研究，邀请专家论证和进行技术咨询，进行项目可行性的全面分析，科学确定备选投资项目。通过这些措施，可以避免盲目投资、贪大求快和乱铺摊子等现象，保证投资活动的有效进行。

严格遵守国家外部投资法规以及高校授权审批、风险管控和投资管理制度，同时与投资合作伙伴签署投资合同与协议。这些协议或合同详细规定了投资金额、时限、数量、方式、权利义务和违约责任等具体细节，有助于合理安排投资结构。在平衡资产流动性和营利性的关系方面，必须谨慎选择。为了保持高校资产的适度流动性，实现对外投资的盈利最大化，需要确保所做的投资符合资产结构。加强对外投资项目的监管，重点关注投资风险，完善资产保管和会计控制制度，确立责任制并建立有效的账簿体系，记录对外投资的价值变动和收益情况。控制回收和处置对外投资，并建立责任追究制度。需要积极追究那些做出决策错误、未遵循集体决策流程或违反规定的对外投资业务部门和个人的责任，并采取措施应对无法收回到期投资的情况。通过谨慎投资和优选项目，提高对外投资的效益，推进高校对外投资从任意、无序、无效到合理、有序、有效的积极转变。

（六）强化知识产权意识，重视无形资产管理

高校应充分了解知识产权保护的重要性，并且应该认真管理各种无形资产。遵守国家相关规定，申请评估认定各种无形资产，并获取相应的证书。许多高校拥有成千上万亩的土地，但这些土地的使用权并未被正确地纳入高校的财务和固定资产管理系统中。即使有高校将使用权的征地补偿费计入无形资产，也没考虑

其在市场上的实际价值，不愿意花钱进行评估。

高校在多个方面都具有优势，包括丰富的知识资源和科研成果、学科培养、师资培养、科研人才和管理人才等方面的优势。因此，获得无形资产如著作权、非专利技术和学校声誉等是至关重要的。各大高校需要对通过外购、自主开发等方式获得的土地使用权、著作权等进行合理评估、记录入账，并制定完善的管理制度和方法。这将是改变高校过分偏向研究、论文，而忽视应用和效益的不良态势的良好开端。高校应该发挥无形资产的优势，提高知名度和核心竞争力。

（七）健全考评制度，重视激励机制

高校应当结合本校实情，建立健全切实可行的资产管理工作考核机制和科学的激励机制，重视评价结果运用，加大奖惩力度。资产管理工作考核机制是对高校资产管理情况和管理效果的评价标准、评价措施和评价程序做出详细、明确规定的一项制度，是对学校内部资产管理行为的一个定性、定量的评价标准，既为高校资产管理提供指导性方向和目标，又为评价高校资产管理情况提供依据和标准，是高校资产管理的关键环节，也是工作量最大、难度最高的环节。在这个环节中，不管是高校高层管理者还是一般的师生员工都能够发现高校资产管理存在的缺陷，以及有什么样的、多大程度的偏差，它们是由什么原因引起的，应采取什么样的措施等。可见，该环节的工作影响着整个资产管理效果。因此，要进一步完善高校资产管理工作的考核机制。

1. 必须明确工作考核内容

高校设立资产管理的首要目标是维护高校资产的安全运转，保障国家的利益，同时还要防范、发现以及纠正资产使用管理方面的不当行为。因此，在进行高校资产管理的工作考核时，需要重点考虑以下三个方面：高校资产管理制度是否完备和有效；是否严格执行了资产管理制度，且执行情况积极有效；高校资产使用管理是否能够有效地预防、发现和纠正错误以及违规行为。资产管理工作考核机制应重点关注高校资产管理的健全性和有效性。

2. 必须明确考核人员

要保证资产管理工作考核的客观、公平、公正及权威性，必须由具有相对独立权限的机构来负责。该机构应直接由校长、书记垂直领导。例如，可以建立一个由校长或书记为主要负责人，由各关键部门领导为成员的“资产管理考核小组”，并赋予其独立的、专门对资产管理与经济效益进行监督与考核评价的权力，以使其能正确、及时地完成任务。

3. 必须明确考核方式

第一，必须明确考核标准。高校资产管理考核标准的制定，是高校资产管理能否有效实施的关键，也是衡量高校资产管理实施效果好坏的依据和准绳。没有切实可行的考核标准，考核就可能流于形式，考核就没有依据。因此，高校需要耗费大量的人力、物力和财力来制订一套被广泛认可、系统完备的高校资产管理考核标准，同时需要由具备权威性的机构实施，以确保高校资产得到科学、规范的管理。第二，需要明确评估方式。在实际工作中，人们常用以下方式对工作进行评估：直接与上级面谈、以书面形式撰写正式报告、进行直接观察、抽查样品、制作问卷进行调查或组织开展集中座谈。第三，必须深入最基层，认真务实地了解具体情况，将所得到的经验制度化。我们必须坚持实事求是的原则，不应仅仅依赖下属的报告做出判断。同时，在进行检查时也要避免过于程式化的方式。不能匆忙行事，只是草草地完成任务，而应认真思考每一个细节，确保工作一丝不苟地完成。

4. 必须明确考核结果奖惩

充分发挥激励机制的引导作用。高校资产管理的工作考核完成以后，考核部门应该形成书面的“高校资产管理考评报告”，详细说明本次考核涉及的范围、所用的方法、各环节的风险程度、存在的问题及缺陷、改进措施等。同时，报经校长办公会、党委办公会批准后，对相关当事人给予奖励或惩罚。对严格遵守和执行高校资产管理的部门和人员，给予通报表扬，加薪晋级乃至升职；对违反高校资产管理的部门和人员，给予严肃的通报批评，减薪降级，甚至撤职或辞退。只有建立科学合理的约束与激励机制，通过业绩与薪资挂钩等形式，才能将高校所有师生员工的利益与高校的长期发展相结合。

第三节 高校资产管理体系创新

一、高校资产管理绩效评价指标体系

（一）评价指标的选取原则

高校资产管理绩效评价指标体系的构建，首要解决的是评价指标的科学选取问题。我们要从高校资产绩效评价的问题视角出发，综合考量研究对象的特点，

结合指标体系建设方法和过程，明确高校资产管理绩效评价指标体系建设应遵循的原则。

1. 系统性原则

高校资产管理绩效的评价涉及学校资产的现有条件、协同配置、使用绩效、外部影响等多方面，因而我们应综合考量多重影响因素，从不同的层次、视角选配不同的评价指标，同时运用定性与定量相结合的方式，全面考量高校在固定资产管理绩效方面的整体水平。

2. 客观性原则

高校资产管理绩效评价要运用科学化的流程，选取贴近现实、贴近实际指标的案例，立足于高校资产管理体制、机制和协同配置情况，评价指标要能够客观、准确地反映出被评价对象的资产管理水平。

3. 全面性和科学性原则

高校资产管理绩效的评价指标选取要立足于研究问题的本质和内涵，从全面性和科学性的视角出发，广泛参考其他学者的研究成果，征求相关领域专家的意见和建议，保证高校资产管理评价指标体系的全面性和科学性，减少主观情感和不确定因素的影响。

（二）评价指标体系的初步构建

通过文献研究法和专家调查法，结合高校资产管理的实际情况，借鉴其他学者的研究成果，明晰资产管理绩效评估的理论基础和科学内涵，从资产保障能力、资产管理水平、资产安全能力、资产运行效益、资产外部影响评分五个方面，初步尝试构建高校资产绩效评估指标体系。根据文献分析和调研发现，对高校资产管理绩效的评价指标体系进行初步构建，必须进行评价指标的分析和研究，通过科学化的方法提升高校资产管理绩效评价指标的运行效能，保障指标体系构建的科学性和合理性。

1. 资产保障能力

资产保障能力（U_1）指标主要包括资产运营规模、资产优化结构、资产使用质量三个方面的衡量指标。

资产运营的规模反映了资产的保值和效益辐射的范围，能有效地保障国有资产的流失；资产优化结构的水平，促进了资产在优化配置上的合理性和科学性，有效地促进了资产对于教育事业的物质支撑能力；资产的使用质量集中体现在固定资产与设备的利用率和更新率上，在一定程度上提升了固定资产在教育事业发展中的协同配置能力。

资产保障水平指标体系如表 3-3-1 所示。

表 3-3-1 资产保障水平指标体系

资产保障能力 U_1	资产运营规模 U_{11}	总资产规模 U_{111}
		净资产规模 U_{112}
		人均资产规模 U_{113}
	资产优化结构 U_{12}	资产负债率 U_{121}
		固定资产比率 U_{122}
		无形资产比率 U_{123}
	资产使用质量 U_{13}	可用资产率 U_{131}
		固定资产更新率 U_{132}
		仪器设备利用率 U_{133}

2. 资产管理水平

资产管理水平（U_2）指标主要包括管理团队、管理制度和管理水平三个衡量指标，客观地反映出高校资产的管理能力。

固定资产的管理团队是固定资产管理的实施主体，管理团队的机构设置、管理者的观念和管理水平，都在一定程度上制约着固定资产的管理绩效和实施效果；管理制度是固定资产管理的重要实施载体，良好的管理制度能有效地促进固定资产管理过程中的人、财、物的合理配置和协同共享，形成具有约束力和激励效果的内在驱动力和外在保障力，从而提升资产管理的能力；固定资产的管理水平，一定程度上也体现在管理信息系统的建设，高效的管理信息系统能有效地促进信息资源的合理流向，保证国有固定资产的信息公开、透明，形成具有直观性、准确性兼备的资产管理信息体系，有效地提升固定资产的管理水平。

资产管理能力评价指标体系如表 3-3-2 所示。

表 3-3-2　资产管理能力评价指标

资产管理水平 U_2	管理团队 U_{21}	资产管理机构设置情况 U_{211}
		管理团队观念和水平 U_{212}
	管理制度 U_{22}	约束制度评价 U_{221}
		激励机制评价 U_{222}
		运行机制评价 U_{223}
	管理水平 U_{23}	信息系统建设情况 U_{231}
		资产信息录入情况 U_{232}

3. 资产安全能力

资产安全能力（U_3）指标主要包括资金的预算来源、资金的投入使用、资金的使用效果。

资产安全水平评价指标体系如表 3–3–3 所示。

表 3-3-3　资产安全水平评价指标体系

资产安全能力 U_3	资金的预算来源 U_{31}	预算编制 U_{311}
		预算审批 U_{312}
		预算执行 U_{313}
		预算调整 U_{314}
	资金的投入使用 U_{32}	专项资金内控制度是否完善 U_{321}
		资产是否被挤占挪用 U_{322}
		是否账外私设“小金库” U_{323}
		专项工程建设资金管理情况 U_{324}
	资金的使用效果 U_{33}	项目或资金使用的预期结果或效益是否达到 U_{331}
		是否综合考虑其他可能降低成本的方案 U_{332}

资产安全水平主要包括资金的预算来源、资金的投入使用、资金的使用效果三个衡量指标，客观地反映出高校资产的资产安全水平。资产安全能力是固定资产管理的重要指标，资金的预算来源在一定程度上反映出高校资产运行的科学性和规范性。严格的预算制度能有效防止固定资产的流失和闲置，一定程度上保障固定资产在教育事业中的合力使用和配置，促进高校教育事业的发展；资金的投入使用情况是资产安全能力的重要方面，资金的控制力度不够、挪用、管理不善等方面都会制约教育事业的发展；资金的使用效果是资产安全的核心，也是重要保障。

4．资产运行效益

资产的运行效益（U_4）指标主要包括科研成就、人才培养两个衡量指标，客观地反映出高校资产的资产运行效益。固定资产运行效益的直接结果就是高校的教学科研成就与人才培养的质量，科研成就一定程度上反映出应用型大学的建设成就，是高校促进科技成果转化的重要方面，有利于促进社会的进步和生产力的提升；人才培养的质量是高校资产运行效益的重要指标，是教育成果转化的重要衡量指标，也是高等教育最根本的目的。

资产运行效益指标体系如表 3–3–4 所示。

表 3-3-4　资产运行效益指标体系

资产运行效益 U_4	科研成就 U_{41}	教师人均科研经费 U_{411}
		科研经费年增长情况 U_{412}
		专利及技术转让与孵化情况 U_{413}
	人才培养 U_{42}	平均学生培养成本 U_{421}
		毕业生就业率 U_{422}

5．外部影响评分

外部影响评分（U_5）指标主要包括外部认同度、学术交流度两个衡量指标，客观地反映出高校资产的外部影响评价水平。外部认同度和学术交流度是高校资产管理的重要评价指标，也是高校的一种无形资产，影响着高校的潜在竞争力。

外部影响评价指标体系如表 3–3–5 所示。

表 3-3-5　外部影响评价指标体系

外部影响评分 U_5	外部认同度 U_{51}	社会满意度 U_{511}
		同行认可度 U_{512}
		学术声誉 U_{513}
		外界吸引力 U_{514}
	学术交流度 U_{52}	开放程度 U_{521}
		学术交流 U_{522}

（三）高校资产管理绩效评价指标的筛选和修正

高校资产管理绩效评价指标体系的建立主要参照德尔菲法的操作步骤：选择专家、调查问卷设计、指标筛选和修正、问卷发放、专家咨询、结果统计分析 6 个方面。基于此操作步骤，对高校资产管理绩效的评价指标进行系统的筛选与修正，形成较为科学、完善的评价指标体系。

1. 选择专家

为了确定科学合理的高校资产管理绩效评价指标，在德尔菲法的实施步骤中，首先要选取高校财务及资产管理领域的专家学者，来为绩效指标的选取进行衡量。在专家选取的过程中，本着合理、科学的原则，聘请高校财务处和国资处工作人员、高校管理学院相关学者、财政厅人员作为专家，为高校资产管理绩效评价指标体系的建立进行修正。

2. 调查问卷设计

以某高校现行的固定资产管理制度及构想的绩效管理指标体系设计调查问卷，把资产保障能力、资产管理水平、资产安全能力、资产运行效益、外部影响评分五大部分作为构成问卷的主要部分。

3. 指标筛选和修正

在设计调查问卷的过程中，关于资产运行效益部分的指标设计部分，通过多方面筛选，确定了科研成就和人才培养两个二级指标，并且在关于科研成就和人才培养二级指标权重的确定上进行了多次衡量，并在此部分中重点采纳了专家意见。

4. 问卷发放

向专家发放问卷，并同时阐述调查问卷的用途及相关填写事项。对专家在问卷中反映出的较大差异问题，进行问卷的二次发放。

5. 专家咨询

就专家对高校资产管理绩效评价指标提出的问题进行咨询，重点在于对相关二级指标的调整及各指标权重的确定上；并向专家反馈其他人员所反映的不同意见和建议，综合所有专家的建议，对高校资产管理绩效指标评价体系进行反复修正。

6. 结果统计分析

首先对专家所发放的问卷进行最后的整理，其次运用SPSS分析软件将相应数据进行统计分析，最后确定高校资产管理绩效评价指标的选择。

（四）高校资产管理绩效评价方法的选择

1. 评价方法介绍

在管理评价领域中，对于资产管理绩效的评估，学者的研究多侧重于复杂事务的多指标量化衡量与综合比较。而高校资产管理绩效评价指标体系建立，可以运用综合评价的方法，借用一定的工具和技术手段，从而实现对高校资产管理绩效评估的测量与量化。从适用方法着眼，可以发现以下几种方法较为适用。

（1）适用于整体比较的灰色关联度法

灰色关联度法多用于复杂事务的整体比较，研究在事物的演变过程中影响因子的相对情况，这种变化的情况能够直观地反映出研究对象的变化速度、方向等。通过比较相关性高、一致性强的演化过程，能迅速地判定与研究对象关联度较大的影响因子，关联度的强弱能客观地反馈出研究对象间的紧密性。

（2）基于累积方差贡献率的因子分析法

研究变量通过提取公因子，能将变量贡献度较高的因子进行同组抽取，不同组的累积方差贡献率存在着较大的差异性，通常累积方差贡献率较高的公因子能更好地解释变量的变异程度。因而，公因子的个数和累积方差贡献率能反应变量之间的相关性，因子分析能客观地反映评价指标的有效性和每个指标对评价体系的权重。

（3）降维处理实现主成分分析

在变量的测量过程中，首先将原始变量转化为不相关的新变量，其次运用方差对新变量进行降维处理，最后形成合适的价值函数，用于分析评价的指标。

（4）用于系统评估的层次分析法

层次分析法（AHP）是根据不同等级的评估目标确立权重和赋值的过程，通过逐级运算得出整体评价结果，以分数高低衡量评估对象的优劣程度。

(5) 模糊综合评分法

在德尔菲法的基础之上，建立指标的权重集，再由隶属度生成评价矩阵，得出累积分值，逐级运算生成评价结果。

2. 评价方法的确定

高校资产管理绩效评估是一项烦琐的工作，多为跨层次的群体性决策问题。因而构建高校资产管理绩效评价体系，要尽量客观公正，通过科学化的评价模型构建，直观地反映高校资产管理之间的绩效差异。结合上文介绍的评估方法，综合考量各种评价方法的适用情况，根据研究情境的需要和高校资产研究的现实，可以发现高校资产管理具有信息不对称、个人主观因素较多等特点，属于典型的模糊多属性决策问题，因而符合模糊数学的范畴。参照国内外学者的研究设计，选定模糊综合评价的方法来评价高校资产管理绩效的优劣。

高校资产管理绩效的评价研究，因研究对象的特殊性和属性，固定资产管理绩效的评估难以采用具体的量化指标进行客观分析，只能通过建立在德尔菲法基础上的模糊综合评价方法进行模糊数学运算，从而形成较为科学有效的方法，再进行高校资产管理绩效的评价指标体系研究、衡量国有资产运营的效益与效果。

二、高校无形资产管理绩效评价指标体系

（一）评价指标的特点

为高校选取无形资产管理绩效的评价指标时，应多关注代表性较强的主要指标。指标通常比较复杂，由多个或多级具有权重和一定评价尺度的指标组成，每个指标都具备一定的逻辑结构，指标之间互相关联形成系统化的指标群。因此，只有构建出层次分明的指标体系才能将高校无形资产的特点和属性反映出来，体现高校无形资产的管理水平。选取指标时需要考虑以下几点。

1. 代表性

应选取代表性强、内涵丰富且对一定区域范围内高校办学特点的变化比较敏感的指标。选取指标时还应注意其科学性、准确性、合理性，保证其计算范围清楚、含义明确。

2. 相对完备性

只有完备的指标才能够从客观、公正的角度，将评价对象的特征和属性全面、完整地反映出来，任何重要因素的缺失都会对绩效评价的效果造成影响。对于高校

无形资产的管理绩效有很多具有代表性的评价内容，研究时可以从全方位多角度多层次选取多项评论要点，综合深入分析各项评价指标，找出其中的差异和共性，追求指标的全面性，在有效指标丰富甚至过多时保证评价成本和工作效率。

3. 简明科学性

选择评价指标和设计评价体系时，必须以科学性为重要原则，以获取各个高校无形资产管理绩效最客观、真实的状况，特点以及指标之间的实际关系。需要注意的是，指标应做到既直观、真实，又简明，不过分简单、不烦琐复杂，将最真实的绩效情况反映出来。在构建指标体系的过程中，可以借鉴吸收国内外先进的经验分析评价目标，形成评价指标体系的基本框架，再加以科学的分析和计算，从重要程度、指标权重以及相关程度分析各项指标，再辅以提炼、简化环节处理指标，最终构建出简明、科学的评价指标体系。

4. 相对独立性

对于评价指标的选取应注意其相对独立性，各项指标之间不应存在互为因果或互相包含的关系。评价指标应是围绕着评价目标在多个方位、多个层次相互关联、彼此依存中，逐层构建出完整的评价指标体系。当指标之间存在不可避免的关联时，应尽量进行精简处理，去粗取精，保留能够反映本质的关键信息，以确保评价结果的可靠性。

5. 可测可比性

绩效管理属于一种导向管理办法。只要其评价内容能够做到客观、实际、可量化且具有可操作性等，就能够将高校管理无形资产的绩效反映出来。此外，评价指标需要做到既要反映出评价对象不同于其他同类高校的特点，又要反映出评价对象与其他高校的共性特征。需要具有一定的可比性，如数据、结果、内涵、判断尺度等都是可比的。

6. 数据易取性

数据尽量要容易获取，便于计算和引用，要能被大多数高校所理解，这样才容易引进应用。

（二）无形资产管理绩效评价指标体系构建途径

1. 构建原则

20 世纪 80 年代后期，英国的大学拨款委员会联合校长和副院长协会成立了联合工作小组。该小组认为，在多数情况下绩效指标是一种定性的陈述，能够反映出某种资源的使用情况或者某种特殊的资源管理目标，在其领域中达成的某种情况，并强调绩效指标属于行为信号的一种，能够对绩效评价行动进行指导。由于绩效指标不能直接为研究者提供有用的信息，因此认为它不属于测量方式的一种。① 在为高校管理无形资产的绩效设计评价指标体系时，应遵从以下四项原则。

（1）共性与个性相结合原则

指各大高校应根据高等教育的要求和运行规律设计评价无形资产绩效的指标。无论哪种类型、哪种属性的高校，教学、科研以及社会服务都应该是最基本、最主要的功能，其评价指标体系的构建应考虑这些主体功能。另外，高校还应结合自身的办学特色，从办学的理念、规模、类型、人才培养以及服务内容和对象等方面做出精准的定位，设置长远的发展目标，最大限度发展大学的多样性。

（2）定性与定量结合原则

结合定性与定量两种形式形成的定量评价具有较高的精确性，有利于高校计算评价结果和进行横向比较，能够有效降低评价结果的主观随意性。高等教育绩效评价指标体系专家凯夫认为，数字较文字的呈现效果更为直观、明晰，更有利于比较、分析和整理，尽管高校在很多方面的活动都难以测定，还应尽量使用“绝对值”“序数性”以及“基数性”的方法进行权威的测量，充分用于绩效评价中。然而，评价高校无形资产管理绩效本身就是一项烦琐的系统工程，很难量化其表现的内容和各种影响因素。因此，可以加以定性的手段将其归纳、概括、提炼并综合分析和辅助评判。而在指标体系的构建过程中，可以将定量方法作为主要的测量方法，并坚持加以定性方法相互补充、配合，利用各自优势，对高校的无形资产管理进行全面、具体、客观的评价。

（3）总量与人均相结合原则

在绩效评价中，高校必须坚持将人均与绝对总量相结合这一原则。目前，大多数高校的评价指标体系只能体现无形资产的绝对总量，人均指标远未达标，这种指标不均的情况下得出的评价结果无法做到公平、公正、客观。因此，高校应选取一些人均指标，以获得公正、客观的评价结果。

（4）质量与规模相结合原则

高校的办学规模和办学质量、人才培养质量等虽然都是衡量高校管理绩效的重要指标。但高校的绩效与其数量和规模不一定构成正比的关系，即使一所高校具备很大的办学规模，师生数量庞大，也无法说明该高校的教学科研质量高、效益好。例如，美国的普林斯顿大学虽然学院的数量不多，没有商、法、医学院等，

---

① 李强．高校财务管理与发展新探[M]．成都：电子科学技术大学出版社，2021．

但该校迄今已有35名诺贝尔奖获得者及众多其他奖项获得者和各领域精英。因此，在进行绩效评价时应坚持将质量和规模相结合，综合筛选、提炼选取要素，不能因为某些高校的规模小就否认其办学质量，要确保评价结果客观、公平，尤其对于高校无形资产的管理水平高低来说。

2. 构建思路

高校在多项指标共同构建的评价指标体系中都能够得到全面、可靠的无形资产管理绩效评价指标。指标体系是一个有机整体，能够表现出高校对无形资产的管理水平和效果。在设计评价指标的体系时，高校应站在决策者和信息使用者双方的角度，依照相关构建原则，通过分析指标内涵、分解预期目标等环节，完成该体系的构建。为了使绩效评价指标体系科学、实用且具有可比性特点和较强的动态性特征，应在设计中融入可比性因素，构建时不仅需要结合高校无形资产管理本身的特点，还要深入考虑其共性；不仅要了解各大高校之间管理的本质区别，还要融入各个高校管理绩效的对比性和可行性。

3. 目标分解

无形资产虽然没有实体形态，但合理使用无形资产能够给持有者和使用者带来某方面的权利、技术及其衍生的经济效益等。高校的声望越高，越能吸引更多的人才、聚集更丰富的知识、获取更密集的信息，在教学、科研、技术成果等领域的优势就越显著。高校的无形资产通常存在于以下三方面：一是日常教学、科研中产生的各项技术专利、知识专利与各种非专利技术都属于无形资产，这些资产具有较大的价值；二是高校师生的科研创造、著作、发明以及接轨国际的科研成果等；三是高校的名望声誉、经营性资产、文化环境等，无形资产和有形资产共同为高校未来的发展提供了物质上的强大支持。因此，在为高校设计无形资产管理绩效的评价指标体系时，应率先明确绩效的指标，不仅需要考核管理的成果、效益以及效率三方面，还需要能够将高校实际的无形资产情况反映出来，能够使用所有层面的绩效评价。

综合前文，对于无形资产的评价指标可分为政府授权类、市场类资产、人力资源资产及知识产权类资产四类，这四类评价指标能够全方位、多角度反映出高校管理无形资产的绩效水平。进一步将第一层指标细分，达到能够量化考核的目的，并得出最终的指标，共计二十四个。

4. 指标内涵分析

（1）第二层指标

市场类资产（A_1）——指因被公众或市场所认可而得到的无形资产，如高校的名声、排名、获得的校外捐赠、入学的学生素质层次高低、毕业生的就业率等，都属于市场类资产。该指标体现出了社会对高校的认可程度，这一类资产越多，说明社会对该高校的接受度越高，越有利于高校的发展。

知识产权类资产（A_2）——高校师生运用自身的知识、智慧、技术、技能等通过努力钻研产生的专利、著作、论文期刊、科研成果及奖项等高校自主研发以及外购的无形资产，这类资产就属于知识产权类资产，受法律保护。这项指标能够体现出高校师生在高校中积累的知识财富，在高校无形资产总量中占据很大的比例，是高校无形资产中的重要组成部分。这项指标的分数越高，说明该高校的教学科研水平越高、办学质量越好、无形资产的管理体制也越完善。

政府授权类资产（A_3）——指由政府特别授予或颁发的权益或奖励，代表着政府的肯定和重视，也说明了高校管理工作受到政府的认可，管理成效优异。

人力资源类资产（A_4）——指高校雄厚的师资力量和优秀的学生团体，他们是高校发展的根本，源源不断地为高校的发展注入新鲜的血液，高素质、高质量的师生团体能够提升高校的知名度。对于高校来说，人力资源类资产是各种无形资产形成的源泉，能够源源不断地吸纳和培养人才，有利于提升高校管理绩效水平。

（2）第三层指标

全国大学排名（A_{11}）——选取中国管理科学研究院武书连等主持的中国大学评价（简称“武书连榜”）、武汉大学中国科学评价研究中心推出的中国高校竞争力评价（简称“武大榜”）、中国艾瑞深中国校友会网发布的中国大学排行榜（简称“校友会榜”）三者的平均数据。该指标是三种大学排名的平均值，这在全国都比较权威。认可程度越高，排名越靠前，说明大学的管理工作做得越好，管理机制越健全，更能说明无形资产管理水平越高。

全国高职排名（A_{11}）——选取由杭州电子科技大学中国科教评价研究院、武汉大学中国科学评价研究中心、中国教育质量评价中心和中国科教评价网联合研发并正式发布的中国高职高专院校竞争力排行榜数据。该数据在全国都比较权威。认可程度越高，排名越靠前，说明高职院校的管理工作做得越好，管理机制越健全，更能说明无形资产管理水平越高。

毕业生就业率（A_{12}）——指评价学年内毕业生的就业人数占毕业总人数的比例，这一指标能够反映出该校教学水平的高低、学生的层次以及社会对高校的认可度。毕业于该校的学生的职业以及未来发展越好，就越说明该校的学生质量及价值越高，社会的认可度越高，为高校带来的隐形资产越丰富，进而这一指标分数也就越高。

考生认可（A_{13}）——指当年高考录取提档线。录取线越高，说明考生的水平越高，将来才有机会创造更多的无形资产，才更能被市场认可。

接受校外捐赠（A_{14}）——指高校收到来自社会组织、机构及个人的捐赠，该指标分值越高，证明该高校在社会的正面影响越大，整体价值越高。另外，还能证实其培养的人才能力越高，道德素质越好。

校园文化建设（A_{15}）——是高等学校获一、二、三等奖的项数。该指标比较有针对性，每个省可以根据自己的标准选择能代表该省高校校园文化建设的获奖项数。该指标越大，说明该校越符合该省的校园文化建设，该指标与国家的文化建设相适应，能在一定程度上反映该校的市场类无形资产管理绩效。

发明专利数占专利授权数比（A_{21}）——指评价学年高校有效的发明专利占当年全部有效专利的比例。发明专利指的是某项能够解决某种特有问题的创新性方案。这一指标比例越高，越能说明高校技术的领先，其研究出新技术、新产品的可能性就越大。此外，发明专利也是一项有代表性的知识产权类无形资产。

科技书籍（A_{22}）——指当年科技书籍种数。该指标和高校过去的发展历史关系紧密，也在一定程度上代表了高校的知识积淀和高校未来的发展。

SCI、SCIE 发表数（A_{23}）——指当年该校师生在 SCI、SCIE 期刊上的发表论文数。因为 SCI、SCIE 期刊在国际上比较具有权威性，该指标越大，说明该校的师生及教职工具有的知识水平越高。

EI 发表数（A_{24}）——指当年该校师生在 EI 期刊上的发表论文数。

ISTP 发表数（A_{25}）——指当年该校师生在 ISTP 期刊上的发表论文数。

优秀教材增长率（A_{26}）——指当年优秀教材增长数与上年优秀教材总数之比，其中，优秀教材指教育部推荐研究生、本科生教学用书、精品课程教材、规划教材、优秀教材等。

精品课程增长率（A_{27}）——指当年精品课程增长数与上年精品课程总数之比。

科技合同金额到款率（A_{28}）——指科技合同到款金额与科技合同总额之比。无论是纵向、横向还是校内科技项目，只有合同金额正常按时按量拨付到账，才能保证科技研究正常进行下去，才能保证科技研究顺利完成。到款率越高，科技研究成功率越高，科技转化后达到的效益越好。

教学仪器价值增长率（A_{31}）——指当年教学仪器价值增长额与上年教学仪器总价值之比。政府的拨款越多，该校才能购置越多先进的教学仪器，创造的价值也就越多。

当年自主招生数（A_{32}）——指本科推免生人数与研究生推免人数之和。

当年学位授予数（A_{33}）——指当年授予学士学位人数与当年授予研究生学位数之和。

当年实际招生数（A_{41}）——指当年实际招收本科生人数与当年实际招收研究生人数之和。

专任教师与教职工比（A_{42}）——指当年平均专任教师数与当年平均教职工总数之比。高校中教职工结构配置是否合理主要看该指标。

博士学位教师占专任教师比（A_{43}）——指博士学位教师数与高校教师总数之比。该值越大，教师水平越高，该校教学水平的保障性越高。

教授职称教师占专任教师比（A_{44}）——指教授职称教师与高校教师总数之比。该值越大，表明高校的教授越多，教学水平越高。

院士占专任教师比（A_{45}）——指院士与高校教师总数之比。该指标有效反映了专任教师中代表某个学科方面最高成就、获得终身成就奖的院士占高校教师比重。该指标为正指标，指标数值越大，代表高校在某科学领域成就越高。

师生比（A_{46}）——指当年学生总数与当年高校教师总数之比。指标数值越大，高校管理水平越高，办学效益越好。

学生人均培养成本（A_{47}）——指当年事业费支出总数与当年学生总数之比。其中，事业费支出＝教学支出＋行政管理支出＋后勤支出＋科研支出＋其他支出等，年初学生总数与年末学生总数的算术平均数是当年学生总数。该数值在一定范围内能反映出高校的办学水平和实力。

下面针对上面的描述建立了高校无形资产管理绩效评价水平指标体系，如表3–3–6所示。

表 3-3-6　高校无形资产管理绩效评价水平指标体系

第一层基本指标	第二层基本指标	第三层基本指标
高校无形资产管理绩效 A	市场类资产 A_1	全国大学排名 A_{11} 全国高职排名 A_{11}
		毕业生就业率 A_{12}
		考生认可 A_{13}
		接受校外捐赠 A_{14}
		校园文化建设 A_{15}

（续表）

第一层基本指标	第二层基本指标	第三层基本指标
高校无形资产管理绩效 A	知识产权类资产 A_2	发明专利数占专利授权数比 A_{21}
		科技书籍 A_{22}
		SCI、SCIE 发表数 A_{23}
		EI 发表数 A_{24}
		ISTP 发表数 A_{25}
		优秀教材增长率 A_{26}
		精品课程增长率 A_{27}
		科技合同金额到款率 A_{28}
	政府授权类资产 A_3	教学仪器价值增长率 A_{31}
		当年自主招生数 A_{32}
		当年学位授予数 A_{33}
	人力资源类资产 A_4	当年实际招生数 A_{41}
		专任教师与教职工比 A_{42}
		博士学位教师占专任教师比 A_{43}
		教授职称教师占专任教师比 A_{44}
		院士占专任教师比 A_{45}
		师生比 A_{46}
		学生人均培养成本 A_{47}

（三）绩效评价方法

无形资产的性质和特点决定了在对其进行绩效评价时，会涉及广泛的内容，评价的程序较为复杂且评价工作有较强的技术性，绩效评价工作漫长而艰巨。能够直接量化高校无形资产管理绩效且获得客观、有效的数据的评价指标较少，大多数评价指标需要在一定性质的语言描述下加以相关的方法手段才能够完成量化。比率量化法、倒扣数量化法、一词量化法等共五种方法是目前最常见的量化绩效评价指标的方法，因为这些方法操作简便且实用性较高，所以被广泛使用。确定量化指标时，需要向多个评价者收集多个问卷调查的结果，再由专家打分，才能得到最终的结果。使用这种取值方式得到的分数更客观公正。因此，在无形资产方面，定量指标的评价标准与定性指标相对比更加客观，这一规律同样适用于无形资产管理绩效的评价标准中。

以下使用层次分析法为各项指标赋予相应的权重，忽略其中权重相对非常小的指标，通过调查问卷将剩余权重较大的指标按照四个类别做好分类，再运用雷达分析法评价高校的无形资产管理绩效，进而全面地反映出高校的整体管理水平。

1. 层次分析法

高校无形资产管理绩效评价分析层次分析法的计算步骤如下。

（1）建立层次结构模型

深入分析实际问题，根据最高层、中间层、最底层自上而下建立关于高校无形资产管理绩效评价指标体系。

（2）构造判断（成对比较）矩阵

构建的评价指标体系判断矩阵如表 3–3–7 所示。

表 3-3-7　评价指标体系判断矩阵

指标	C_1	C_2	C_3	C_4	……	C_n
C_1	a_{11}	a_{12}	a_{13}	a_{14}	……	a_{1n}
C_2	a_{21}	a_{22}	a_{23}	a_{24}	……	a_{2n}
……	……	……	……	……	……	……
C_m	a_{m1}	a_{m2}	a_{m3}	a_{m4}	……	a_{mn}

其中，a_{mn} 表示横向指标 a_m 对各项列指标 a_n 的相对重要程度的比值，通常用1、2、3、4、5、6、7、8、9或其倒数进行表示。注意每一层次中各元素所支配的元素没有限定，但是一般情况下不超过九个，因为支配的元素过多会给下面的判断带来困难。具体来说，这些数值表示的含义如表3-3-8所示。

表3-3-8 标度判断矩阵

标度	含义
1	横向指标和纵向指标同等重要
3	横向指标比纵向指标略微重要
5	横向指标比纵向指标较重要
7	横向指标相对纵向指标非常重要
9	横向指标相对纵向指标绝对重要
2、4、6、8	位于前后两项中间的标度值
倒数	纵向指标与横向指标比较时 $a_{nm}=1/a_{mn}$

（3）计算权向量并做一致性检验

将每一层指标两两对比，通过模糊数学方法对有效性初步进行一致性检验，从而保证对各项指标的相对重要性评价科学合理。

2. 雷达分析法

层次分析法只能在高校的无形资产管理绩效中反映出每个评价指标的权重，进而将高校无形资产管理绩效的整体水平反映出来，这种方法无法反映出不同的高校及院系之间存在的差异，无法在政府部门制定相关政策以及高校改进管理制度方面提供可靠的依据。因此，可以采用雷达分析法评价高校管理无形资产的绩效，以便结合自身实际情况、相关政策以及考评偏重等方面调整指标的权重。

在利用雷达分析法的过程中，对负向关系的指标比值越大，效果越差。

避免每项指标的数值与参照值一一比较的片面性，站在整体的层面综合评价，不会顾此失彼。将实际值、标准值和先进水平值输入Excel表格，根据实际值在雷达图中所处的位置，为分析人员提供信息，据此提出需要改进的意见和建议。

雷达分析法的具体步骤如下：

第一步，搜集数据。第二步，在 Excel 中输入实际数据。第三步，在 Excel 中输入参考数据，即标准值和先进水平值。第四步，计算指标对比值。需要注意当指标为负相关时，要与正相关指标进行区分，最好全部换为同向相关指标。第五步，画出雷达图。

根据绘出的雷达图可以判断高校无形资产管理绩效所处的位置和水平，然后根据雷达图做出相关改进。雷达图得到的区域可以分为下面五种类型。

（1）全面发展型

全面发展型指通过雷达分析法得出的各项指标的实际值都呈现正增长状态，这也是所有人希望的理想类型。这种类型说明该高校在教学、科研、管理、发展及人才培养等方面均处于较高的水平，说明高校的资金充裕、管理合理、各项制度健全，有过硬的综合实力和充分的准备，能够从容抵抗市场危机。国家相关部门应在政策上做出积极的指导和扶持，适度倾斜各项资源，提升高校的资金使用效率，为高校培养更多优秀人才打下良好的基础，以便高校更专注地致力于办学方面，更好地服务于社会。

（2）发展潜力型

发展潜力型只有效率性的指标呈现负增长状态，其余各项指标的实际值皆处于正向增长状态，这种情况常见于运营时间较长的老牌高校以及一些二级学院，这类高校的教学科研水平都比较精良，培养人才方面的能力也比较出众，但存在部门设置不合理、职责不明、人员安排投闲置散、程序流程冗杂等问题，导致高校的管理效率低。造成这些问题的原因是高校的资源配置不合理，在发展的过程中没有合理、充分地发挥自身的优势。对于这一类型的高校，政府应着重指导和管理，激励该高校管理层向先进高校看齐，学习管理经验以提升自身运行效率，发挥自身优势以获得更好的管理效果。

（3）积极发展型

积极发展型指使用雷达分析法得出的雷达图中收益性指标呈负增长状态，而其他三项指标均为正向增长状态。这种情况与初成立的高校情况比较符合，在新开设的专业院系中也较常见。这种类型的高校或院系在前期修建时通常要投入大量的资金，校内各种设施先进且质量稳定，但由于处于初步成立的阶段，还没有在社会上形成自身的名声威望，教师资源匮乏、招生数量少，各项管理机制不健全。面对这些问题，学校的领导应带头做好宣传工作，引进其他知名高校的先进办学理念、经验和管理制度、办法等，聘请、引进优秀的科研教育人才和管理人才，提升教育科研的能力，集中力量发展优势专业和特色专业，以优势专业带动高校整体发展，进而加大推广、宣传力度，全面建设综合性的高等院校。

（4）稳妥发展型

稳妥发展型即除成长型指标外其他各项指标的实际值均呈现正向发展状态的类型。这一类型的高校一般已经运营了较长时间，与上述积极发展型的高校形成强烈对比，这种类型的高校存在管理模式落后、各方面发展停滞不前等问题，对高校的良好、持续、健康地发展有严重不良影响。这类高校应积极创新，结合自身的优势和办学特点，借鉴发展势头良好的大学管理经验，大力革新管理模式和制度，聘用高级管理人才和科研教育人才，实现高校全面、持续、健康地发展。

（5）发展衰败型

发展衰败型即雷达图中四方面的指标实际值均为“－”。这类高校的所有指标均没有达到标准值，表明其教学、科研、师资、管理机制整体落后，学校发展后劲不足，不具备充足的条件让其拥有良好的发展前景，亟待改善、破除旧制，全面整顿。

首先，高校应整合固定资产并优化其结构，这关系着固定资产是否能够实现保值增值或为高校带来更大的收益，是否能够推动高校整体教育事业的繁荣发展。随着高校办学规模的不断扩大，高校的建设事业迅速展开，进一步加剧了资源的闲置和浪费，固定资产的结构和配置不合理的问题也日益凸显。由此，站在权变理论以及委托代理理论的角度，高校应尽早提出改革固定资产的结构配置方案，优化资源的分配情况，组建专业的固定资产管理队伍，建立完善的资产管理制度和总会计师制度，加以科学的手段进行管理，尽早落实高校固定资产的结构优化，保障高校的固定资源能够保值增值。

其次，人才培养是高校的本职工作，更是高校得以持续发展的根本所在。然而，实际上高校培养人才的成本和该校毕业生的就业率相比比例严重失调，间接地映射出高校教育体制存在的异常，这说明该高校对人才培养、教育教学的定位不够精准。高等教育关乎国计民生，在人才培养、科研教学、思想政治等方面具备重要的职能，这种教育职能与国家的发展、社会的稳定以及民族的振兴息息相关，无法被其他社会组织或团体所代替。高等教育是国家科教兴国、文化强国战略的重要堡垒，直接影响着未来社会的发展和变化。因此，高校必须重视在人才培养上的固定资产管理绩效，为学生的全面发展提供良好的物质环境。

高校固定资产管理绩效评价指标体系建设的目的，就是获取模糊综合评价和管理绩效的数据信息，并分析、了解高校对固定资产的实际管理水平，并从评价反馈的信息中分析出高校在管理固定资产方面的不足之处，以及时采取有效的补救措施，找到能够有效提高管理绩效的路径。实施权变管理，推动高校改革固定资产的组成结构，协同配置以及资源共享等，吸收借鉴现代企业先进成熟的管理理念和经验，建立现代化的财务管理体制和总会计师制度，培养创新型、科技型财务管理人才，壮大现有人才梯队，提升整体管理人员的专业性，使高校固定资产得到妥善管理，保证固定资产能够最大限度地为高校产生收益，稳定保值且有升值空间，有效减少和消除国有资产的浪费和闲置，实现高校的良性运营。

高校在研究固定资产的绩效评估时，通常着重考虑高校的资产运行方式和实际状态，将评价指标体系视为重点研究对象，使用先进、科学的手段，从整体层面观测绩效评估管理工作的动态流程。在绩效评估的过程中，考核标准、指标属性以及权重分配都是重要的考评手段，能够全面客观地考察评估主体。而其考评的目标，能够客观地体现出高校在固定资产管理方面的实际情况以及绩效评估达到的效果，获取对高校资产管理水平、能力以及产生效果的真实反馈和评价，促进完善可行的约束机制和激励手段尽早形成，进而提升高校的管理水平和办学水平，保障高校教育事业全面、顺利地发展，实现高校可持续发展。

第四章　当代高校财务预算管理创新

高校预算是指高校按照法定程序经高校领导班子集体审议通过后，在一定期间资源配置的收支计划，同时又是控制过程，其收支活动制约着高校活动的范围和方向。

第一节　高校预算管理的内涵

预算是指政府机关、团体、事业单位和企业按照法定程序由权力机关审核批准的、在一定期间进行资源配置的收支计划，同时又是控制过程，其收支活动制约着政府机关、团体、事业单位和企业活动的范围和方向。

一、高校预算管理的定义

韩燕的研究表明："高等学校预算管理就是高校依据学校预算，通过财务活动对学校的教学、科研、行政、后勤等各方面的业务活动进行管理和监督。高等学校的预算管理包括预算编制、预算执行、预算调整与监督以及预算实施的绩效考核等方面。其根本目的是合理配置高校资源，以便达到明确目标、协调各部门关系、控制日常管理和教研活动、进行绩效考核。"①

综上所述，高校预算管理是高校根据预算目标，对未来一定时期内的财务收支计划应该怎样去管理的一项经济活动。它包括预算编制、预算审查批准、预算执行、预算调整、预算分析、预算考评、预算监督等一系列的管理活动。

二、高校预算管理的原则

高校预算管理总体上必须坚持"量入为出、收支平衡、效益优先、兼顾公平"的原则，收入预算上坚持"积极稳妥"的原则，支出预算上坚持"统筹兼顾、保

---

① 杨汉荣．高校财务管理改革与创新研究[M]．北京：北京工业大学出版社，2021．

证重点、勤俭节约”的原则。

（一）高校预算管理的总体原则

“量入为出、收支平衡”是预算管理中收支预算的基本要求，“效率优先、兼顾公平”是预算管理中合理分配预算资源的依据和标准。因此，在效率优先原则的基础上，高校预算资源的安排还要兼顾公平，在预算分配过程中还必须立足于全局考虑。

（二）收入预算的原则

高校应抓住当前教育发展的有利时机，挖掘潜力，积极拓展资金来源，增加收入。高校在进行预算编制时，应按照相关规定将高校所有收入全部列入预算，不遗漏也不高估，并且充分考虑影响收入的各项因素，做到不漏算、不重复，贯彻“积极稳妥”的原则，做到收入预算项目明确、数字准确。

（三）支出预算的原则

高校支出预算以收入为基础，必须量力而行，不能超出高校的综合财力搞“赤字”预算。编制的每个预算项目数据要有客观依据，要充分体现高校的办学方向和各学科差异，适应高校的未来发展需要。在一切从实际出发，厉行节约、勤俭办事的前提下，分清主次、统筹兼顾、保证重点、合理地安排使用各项资金，发挥资金的最大使用效益。

第二节　高校预算管理中存在的问题及对策

一、高校预算管理中存在的问题

随着高校教育事业的发展，内部管理制度日渐完善，更多的高校意识到了预算管理对高校发展的重要性，并进一步改进了预算编制和预算控制等方面的不足。目前，各大高等院校对预算管理的认知仍不够全面，在实际的实践中仍存在很多盲区，预算管理体系不健全仍是高校在预算管理方面存在的主要问题。甚至仍然有一部分高校管理人员凭借经验采用粗略的估算手段进行预算编制，导致预算执行不规范，频繁调整预算项目经费额度，缺少全面、科学的预算执行情况总结报告。

（一）预算编制中的问题

1. 预算编制的前瞻性和科学性有待提高

一些高校以往一直将历年日常收支情况作为编制预算的主要依据，科学性分析不足，无法根据高校实际的收支能力更好地做出具有前瞻性的预算编制，较难对高校未来的发展产生实质性的作用。长此以往，本就预算虚高的某些部门的闲置可支配的资金会更加富余，而有些能够收获高效益的项目却因没有足够的资金支持难以获得预期收益甚至在执行过程中搁浅。不科学的预算编制造成了资金分配不合理的后果，严重影响了预算项目的执行和资金的利用效率，进而对高校教育事业的整体发展造成了不良的影响。

预算编制人员应了解高校教育事业的整体发展规划，了解高校下一预算年度的发展计划，根据高校的发展方向进行预算编制工作。预算编制人员还应与其他各个部门建立长久、密切的联系，听取各个部门成员提出的优秀、可行的建议，提升预算编制与高校各方面发展的黏合度，全面为预算编制赋能增值，做出最佳的资源配置方案，实现资源的高度共享、高效利用。避免因缺少实际信息的支持，导致预算方案与高校的实际需求相背离，造成预算控制失效。

预算编制人员为预算项目拟定具体的预算收支方案时，由于缺少科学的论据，会导致决策出现导向性的失误。高校校内教职人员、科研人员的各项经费预算，校内津贴部分的考核形式较为烦琐、考核制度不够合理、对考核过程及结果的监管力度不足，不能有效预防学术腐败，导致其科研态度不严肃，科研报告敷衍了事，甚至出现学术不端的问题，科研教学质量堪忧。目前，很多高校采用了新的拨款机制即综合定额的办法，用以确定各项公用经费的开支预算，但由于其组成成分无法确定，计算动因不够科学，导致论证不足，较难以制定出最科学、最合适的综合定额方案。而在项目支出管理方面，预算申报的管理机制也不完善，使得虚报预算的情况仍有出现。

高校对预算编制的监督缺位也是造成预算编制缺乏科学依据的原因之一。预算编制是高校财务管理的一项重要工作，高校各个职能部门和二级学院应积极参与预算编制的协调性论证，对预算编制工作进行全面监督。而实际上，财务部门还承担了预算编制的主要工作，由于缺乏有效的监督，因此在预算中产生了一些与高校实际需求相背离的项目安排等。此外，高校考核经费支出的标准存在科学性不足的问题，使得预算管理部门较多关注经费的使用情况，这也对支出预算的公平性造成了严重的影响。

2. 预算编制缺乏足够的风险意识

从目前高校预算管理工作开展的现状来看，其主要工作内容聚焦于对各预算项目经费执行进度的统计与反馈。然而，在执行过程中资金流动的规律尚未得到系统分析。预算编制人员对于风险的认识尚显不足，对筹资需求的调研既不够全面，也缺乏系统性。筹资能力、资金到位情况、偿付能力等方面的方案既不系统，也不科学。这导致了对高校实际情况的误判，进而造成资金筹措的进度安排和额度与高校的发展规划不符，从而直接制约了一些重大项目的推进，甚至导致部分项目未能如期完成。高校债务预算编制的准确程度一直是高校预算管理工作中的一个主要风险点。众多高校为推进教育事业的高速发展，迅速扩大了高校的规模，而银行贷款成为获取资金的主要渠道，同时，巨大的偿债压力也在逐渐形成。但有些高校不要说偿还本金就连利息都不能保证按期偿付，这种情况的出现与债务预算编制的不科学有直接关系，尤其是采用多校区模式办学的高校需要承担更大的财务风险，主要原因是经费的投入更加分散难以掌控、办学成本增高等，另外，这种办学模式抗风险的能力也比较弱。

3. 预算编制内容不够全面

目前，高校对全年的总收支实行综合预算管理模式。就高校的建设和发展理念而言，其预算编制应该综合反映出各项资金流动运转的整体面貌。高校不断开拓筹资的渠道，资金收入不断增长，但某些院系脱离了高校预算体系的监管，使资金的运转失去了高校预算管理的控制，造成了贪污、腐败，影响了高校的管理，形成了不良的教学风气。据纪检部门对高校违规经济行为的调查和统计显示，在高校预算管理之外的资金款项主要有：①部分专业办学收入的截留；②通过一些培训项目向学生收取住宿费或其他服务费并滞留于二级单位；③按学校规定应上缴的资料及培训等方面的费用；④各部门应上缴对外提供服务的收入；⑥出租出借、处置国有资金的收入等。《高等学校财务制度》为了如实反映学校资金收支的总规模，提出了高校预算新理念，并规定了“大口径范围”。然而，实际上某些高校往往只根据教育事业发展产生的各项费用编制收支预算，其中并没有考虑到科研方面、运营方面、基建方面等各项收支，在预算编制时也没有落实“大收大支”这一原则，因此“大预算”这一格局也没有形成。

高校预算编制人员对收入的估算不准确，主要体现在财政投入、学费、科研经费收入及其他收入方面。每年财政拨款指标的下达相对于学校预算的发布要滞后一些，特别是项目结转资金。同时高校在预算执行的过程中还有申请追加财政拨款的情况，更加剧了预算编制人员估算收入的难度，影响整体收入预算的编制；

高校通常在本年末对下年度学费收入进行测算，由于新生的实际入学人数、老生的实际在读人数（因为有好多学生会在二年级申请参军）都存在不确定性，所以学费收入测算难以准确，一般是参照新生录取人数按照历年的报到率折算、老生在校人数历年的学费收入情况做增量预算，做出的收入预算和实际情况会出现较大差距。而各项科研经费由于其来源、拨款方式、报账时间、科研周期等都存在差异性、不确定性，科研收入预算做到准确难度也很大。高校不管是收入预算还是支出预算，都有一些不确定因素的存在，所以两者预算都很难准确。相对而言，支出估算容易一些，但在支出预算执行时仍会存在不可控情况，进而影响支出预算的科学预测。因此，高校需安排一部分机动经费，保障各种突发事件的资金需求。然而机动经费的预算也是个难点，若保留的机动经费过多，会影响其他一些项目经费的安排，甚至有些项目因经费不足而推迟；而机动经费过少时，则会降低高校应对突发情况的应急保障能力。

4. 预算编制方法科学性有待提高

目前，高校预算编制方法主要有固定预算、弹性预算、增量预算、零基预算、定期预算与滚动预算六种。然而，在实际操作中，高校大多采用增量预算方法进行预算编制。这种方法操作便捷、简单，也有理论支撑。但是实际操作被人为简化，这样编制的预算与实际情况肯定会脱节。这种预算编制方式以前一年的收支预算为基础，同时结合当年实际需求，如果对前一年收支预算中非常规项目考虑得不够充分，对当年新增的项目预算考虑不全面，容易使资金在校内的分配比例逐渐固化，引发各部门盲目扩张预算项目规模，导致资金利用率逐年降低，资金浪费现象愈演愈烈，进而导致高校某些优质项目、重点项目无法获得足够的资金支持而搁置。

目前，有些高校在进行编制预算时，采用了一种零基预算的方法，这种方法常用于企业单位的预算编制中，是高校加强预算管理的一种积极大胆的尝试。但这种零基预算方法在我国高校的推行中仍存在以下几个问题。

第一，零基预算这种方式适用于管理结构精简、职责分明、决策机构明确并能确保决策有效的情况。实际上目前我国大多数高校还不具备使用零基预算法的条件，在无法满足应用零基预算法的条件下使用零基预算法，将造成决策单位不明确，导致高校所做出的一揽子决策中存在巨大偏差，影响资金的支配，降低资金利用率。

第二，目前这种方法只能反映出高校日常的经费收支预算，无法反映出预算内某些支出的预算，如事业发展性质和建设性质的支出预算项目，更无法反映出各部门的自有资金和预算外资金。

第三，使用零基预算方法对基本支出预算进行编制时，由于各下属单位、部门提供的信息数据不够准确、完整，甚至混淆一些不真实的数据，导致做出的决策有明显的主观随意性，另外有些项目具有较强的灵活性，其指标范围不易确定，这更加剧了高校制定一揽子决策方案的不确定性。

第四，零基预算法对预算编制的技术有很高的要求，且编制的过程十分烦琐，需进行系统的预算分析并构建数学模型，预算信息的收集和处理工作量非常庞大，使零基预算的可操作性大幅降低、难以推广。

5. 预算编制人员综合素养待提高

预算编制是预算管理的重要工作，对高校的财务管理和整体发展规划都有非常大的影响力。预算编制需要高校全员参与、全部门参与协调论证。然而，目前高校预算工作的现状是由财务部门独立承担，不透明、不公开，下属各单位、各部门仍不了解预算编制在各部门甚至高校整体发展中的重要性，存在预算编制仅由校领导层及财务管理部门负责的错误认知，对预算编制的参与度不高，导致对预算编制的监督力度不足，从而对于预算执行中不科学、不合理的地方无法及时调整，对资金的分配、使用乃至高校教育事业的发展造成了影响。

同时，预算人员的综合素养也直接影响预算编制的规范。当预算编制人员的水平良莠不齐时，可能会出现对预算编制口径理解片面甚至误读的问题，从而影响预算编制的质量和规范性，容易导致资金安排的随意性，不利于资金效益的提升。比如，有些高校把立项的横向课题按照到账金额大小区别管理，将 10 万以下的所有立项横向课题全部放在一个经费项目中核算，无法清晰地反映每一个立项项目的收支结余情况，对科研项目预算管理还停留在粗放型状态，和精细化的要求还相差甚远，同时该做法也违反了预算编制的明晰性要求。

6. 预算编制时间不合理

预算编制的时间安排影响着预算编制的质量，编制的时间越充分，质量越高。目前，各大高校一般在每年的 12 月份才下达下一年度预算编制的工作通知，但是要求 1 月份完成，只有不足两个月的时间。然而预测编制需要收集并整理、分析大量的数据信息，目前的时间窗口对于预算人员而言，并不足以充分寻找和整理所有必要的论证材料，更不够对重点项目做出细致的分析。匆忙地收集、整理、统计及分析大量的数据信息，再高的工作效率也无法弥足预算编制时间的不足。因此，造成了预算编制的质量低、不准确、没有足够的科学依据，在未来预算执行的过程中产生追加经费是必然存在的问题。时间的不合理对预算管理的严肃性、科学性产生了严重的影响。

（二）预算执行过程中存在的问题

高校编制的预算一经批准，即具有权威性和严肃性，应严格落实。目前来看，高校在预算执行过程中或多或少存在一些问题。

1. 预算执行机制不健全

目前，高校监督、管理、控制预算执行的机制仍不完善，导致实际支出与预算编制口径不符的现象时有发生。高校对项目支出的管控不到位，项目之间经费的实际使用情况存在混用、串用的现象，报销的经费类别、用途等都不明确。部分高校内部的预算拨款管理仍沿用传统的成本中心模式，向管理部门分配预算支出的指标，再由管理部门向院系或具体预算项目逐级分配预算支出的指标。而在实际执行中，由于预算管理的监管力度不足、编制不够详细、中间环节缺失监督管控等问题，很容易产生截留经费现象，造成预算下级单位、部门资金短缺的问题，影响高校整体的发展。

2. 预算执行缺乏约束力

高校预算一旦通过了审批，校内任何单位、部门或个人都无权再做更改。但在实际预算执行时，预算的权威性和严肃性都得不到应有的重视，预算执行、预算调整比较随意。同时，高校在预算收入方面存在入账不及时和长期挂账的问题，直接导致财务报告数据失真。高校支出预算方面也存在很多问题亟待解决，如高校各部门对预算指标分配关注的太少，导致其到位率低；各部门浪费资金的现象严重，缺乏节约意识；对人员管控力度不足，因人为因素导致预算频繁追加；预算数经常达不到实际的年度支出总额，导致预算项目无法顺利执行。由此，高校的收支严重失衡，预算管理发生偏离，降低了高校约束预算执行的能力。

3. 预算下达不及时

高校的校内预算一般会在当年 4 月份前后下达，下达时预算年度已经过去了四分之一，也就是说，在这四分之一的时间中高校没有有效的预算管理，为了维持运行只能参考上一年度的指标分配情况做赤字预算，这种赤字预算给高校当年的预算执行埋下了巨大隐患，不仅影响了预算的权威性及执行的严肃性，还对高校管理造成了不利影响。

（三）预算控制中的问题

预算控制是高校预算管理中的一项重要内容，只有建立完善的预算控制体系，强化对整体预算流程的监管力度，才能使科学的预算方案达到预期的效果。

目前，仍有很多高校对预算控制没有充分的认识，预算控制体系不完善，控制力度不够，导致预算管理部门无法快速对预算执行中出现的各种问题做出反应，从而使其权威性逐渐降低。预算控制体系通常包括事前、事中、事后三个阶段的内容。

1.事前控制的问题

大多数高校对教育事业没有详细具体的长期发展规划，校内资源的配置存在很多不合理的地方，甚至部分高校没有对当前年度和下一预算年度的财务状况、运营能力、资金的流动性等做出详细的分析和判断，这些现象都表明高校存在着预算执行前管理不当的问题。此外，事前控制不当还包括预算下达延迟的问题。高校的预算包括了整个预算年度内的事业规划、收支项目以及高校当前年度的发展目标等。预算下达前高校没有有效依据来进行预算管理工作，只能参考上一年度的预算编制及执行情况进行当前年度的预算编制，导致事前控制变成了事后预算，失去控制作用，而这种情况必然会导致高校预算脱离实际，预算不准确、不科学，致使高校对未来预算项目的事前控制力度降低，影响高校预算管理工作的有效开展。

2.事中控制的问题

我国高校预算管理偏重事后控制，对事中控制重视不够。其实，预算一经批复，高校就应做好事中监督控制的准备。由于高校对预算执行期间的管理受限，且缺乏事中管控的责任感，导致预算管理部门无法实时详细地掌握预算的执行情况，无法在预算即将超标或需要追加经费支持时做出科学合理的分析。此外，对于预算申报口径与预算支出口径不一致造成难以控制支出预算的问题，高校仍没有找到有效的解决办法。事中控制力度不够造成不合理的支出现象频繁出现，导致了资金的浪费，甚至滋生了腐败，产生了公款私用的现象。为了确保预算事中控制有效，高校应该高度重视对预算执行过程和审批制度的监督、控制力度，在审批权限方面，明确各单位、部门及个人的审批权限及需要承担的责任，规范各个部门负责人的审批范围，充分考虑彼此之间的权利牵制问题，规范审批流程，避免发生重复审批，保证预算能够高效、如期完成。此外，事中控制还需依据成本效益原则和重要性原则，简化一般项目的执行程序，严格管控重点项目的经费使用，保证重点项目顺利完成，提高资金的利用率，保障学校的发展。

3.事后控制的问题

目前，高校仍未全面认识到事后控制对预算执行的重要性，大多数高校对财务审核、把关关注比较多，对财务数据（预算支出）的分析重要性认识不够。一般认为只要对预算支出的合规性把好关，不出现超预算列支、无预算列支等情况就认为预算执行状态良好，但这种认知是片面的，只有做好事后的分析工作，才能更好地掌握预算的执行情况，进而做出更加科学可靠的预算编制。事中控制不足直接影响了预算执行数据的可靠性，导致事后控制无法获得可靠的信息支持，无法得出准确可靠的分析结果，难以对下一年度的预算产生指导性意义，无法激励校内全体成员共同参与高校的发展。

（四）预算评价中的问题

1. 预算评价归口部门不明确

高校设置的各个部门都属于预算执行部门，只有全部教职人员共同参与预算的考核评价，才能够全面发挥预算管理的激励和约束作用。然而实际上，我国高校预算评价职能界定不清晰，归口部门不明确，预算评价的体系尚不完善，预算评价无法全面实现，再加上高校也缺乏全面掌握每位教职工对预算的评价情况，从而难以制定出能够有效激励和约束教职员工的绩效考核制度。

2. 预算评价内容不具体

高等院校预算的评价体系涵盖了对预算执行效果的评价和对预算组织工作的评价这两个层面，其中包含对预算编制的准确性、执行情况上报的及时性、控制分析的有效性等方面的权衡。关于评价指标的设定，高校可以引入平衡计分卡的考核形式，将财务指标、非财务指标考虑在内，评价预算流程、员工的成长进步空间以及高校的发展潜力等方面。评价指标应具备简洁明确、易于操作的特点，且能够长期稳定地帮助高校完成内部自查工作，分析并总结预算执行经验，长期约束员工的行为，激励员工参与预算的编制。

3. 预算评价方法不科学

目前高校的预算评价存在片面、过于简单等问题，得到的评估结果不够科学，进而无法制定严谨合理的奖惩措施。高校预算评价的方法除了固定的年终考核之外，基于预算年度末综合分析评估各部门预算项目的完成情况，还可以开展阶段性定期考核和随机性强的突击考核，防止机会主义，做好实际预算执行情况与预期目标之间的差异分析，确保责任落到实处。目前有些高校在预算编制和预算执行中还存在一些不合理和不可控的因素，所以实际预算评价结果与设定的评价目标值偏差较大。况且高校预算评价体系本不够完善，评估的结果具有较强的主观随意性，致使实际的评价结果无法全面、有效反映当前预算年度的预算执行实际情况，更不要奢望对下年度的预算编制起到指导作用。

4. 预算评价制度不健全

科学可行的预算评价标准有助于高校制定严肃公平的奖惩制度。奖惩制度公开透明能够激励全体员工努力完成考核目标，督促员工约束自身的行为，促进高校早日实现战略目标。然而，目前部分高校的预算评价缺少科学有效的激励机制，奖惩制度不完善、奖惩方式单一，奖惩制度落实不到位，把奖惩制度挂在墙上了事的现象仍有出现。还有高校由于对预算评价过程缺少有效的监督，致使各部门为满足自身资金需求，虚报资金预算，导致资金闲置，造成资金的浪费。

二、高校预算管理不力的原因

（一）对预算管理的认知不充分

部分高校对预算管理的作用没有充分的认知，这一点也会导致预算管理工作难以顺利开展。预算涉及高校所有方面的发展计划，预算管理需要全部职员共同参与和执行。目前，我国部分高校认为预算和财务预算是同一回事，把预算等同于财务报表和资金分配指标，视财务预算为财务活动的预算编制；还有部分高校领导认为预算是由学校财务部门负责的工作，但是某些部门在接收财务部门提出的项目后，其工作汇报掺杂了过多的主观因素，存在经费虚报、多报的情况，这直接导致了预算的失衡，使得预算编制与实际的预算执行之间发生了显著的脱节。

一些高校只关注实际使用经费总额是否超出了支出预算，缺乏对预算管理的系统认知，不够重视经费是否按照预算计划投入到各个项目中，导致每到预算年度后期，各部门盲目开支，任性消耗预算额度，造成了难以管理、资金使用混乱的局面。甚至有部分管理人员认为，加强预算管理力度会抑制教职工开展科研活动的热情。

一些高校在预算管理过程中较多关注资金的分配，只看到了全面的预算管理对整体教育事业发展的影响，却忽略了对资金实际使用过程中的管控，以及对业务活动的监督管控。高校的预算管理系统并不完善，预算编制、业务活动等很多环节都缺少有力的管控，缺少统一、完善的管理制度，预算管理中存在的各种问题，导致财务工作主观性强，进行困难。从理论上来讲，预算管理不仅管理高校预算年度的各项预算项目的财务指标，还应将管理、教学、发展、科研等所有环节考虑在内，设计出详细的事业发展目标和计划，统筹管理财务、资源、业务，最大限度地发挥其在发展预测、财务筹划、组织协调方面的综合职能。

（二）外部环境的复杂性

随着我国市场经济的快速发展，我国高等教育事业的发展日趋国际化，各大高校所面临的外部环境也日趋复杂，这给我国高校预算管理工作的开展带来了一些影响。

近年来，高校之间的竞争日益激烈，各大高校不断扩大招生规模，这在很大程度上影响了高校的预算管理。如收入管理中学费收入这一项不断增加、学校规模扩建、教职员工队伍的扩充、教研能力的提升等都会造成高校实际支出总金额的剧增。高校激烈的竞争导致一些学校中缺乏专业特色或教学质量低的专业项目或者高校无法招收足够的生源，无法完成每年的招生计划，无法做出准确的学费收入预算，而其他各项预算计划也随着学生数量的变化充满不确定性，导致预算困难。

目前，部分高校为响应教育部的评估与考核要求，同时满足扩招需求，迅速扩大了高校规模。然而，这一举措导致高校背负了沉重的银行贷款压力。有高校单次贷款额度已达到甚至超过其未来 3～5 年的预算经费总额。仅凭学校自身的财力，不仅无法按期偿还本金，甚至连利息的支付都面临困境。为了掩盖这一巨大的财政赤字，高校采取了两种策略：一是将全部贷款作为应付款项处理，不纳入预算考量；二是虽将贷款全额列入预算，但仅在预算收支中计入当年收益用于偿还贷款本息的部分，未偿还的部分仍作为应付款项挂账。这种做法严重扭曲了预算的真实收支状况，对预算管理造成了严重冲击。

（三）预算管理中的信息不对称

信息不对称在高校的预算管理中主要体现在以下三个方面。

1．高校和政府主管部门之间信息不对称

高校和政府主管部门对高校预算项目的具体情况了解程度不同，高校预算项目能否批准立项、额度多少很大程度上取决于项目申报者的综合能力以及决策者的态度，因此会导致严重虚报预算的问题。

2．高校高层领导和预算编制人员之间信息不对称

为满足生存、发展的需要，为不断创造社会价值实行预算管理，高校领导人希望预算编制人员能够基于高校的实际发展情况，结合高校的发展规划和战略要求完成预算的编制。但在实际预算编制的过程中，高校领导与编制人员之间存在巨大的信息差，编制人员需要综合考虑各方面的因素，要考虑收支预算的平衡及预算的执行等各种问题。因此，做出的预算编制往往脱离了高校的发展目标。

3. 预算的编制与执行之间信息不对称

预算的编制方和执行方基本处于相对立的方向，预算编制人员为了高校的各项活动能够有序开展，通常会将支出预算的指标定得稍低，而对于作为预算执行方的高校的各个下属单位及部门来说，他们都希望获得较宽松的预算，较高的支出预算指标能够缓解他们支配经费的压力，保证项目的顺利执行，双方信息的不对称，将直接导致预算编制人员不了解哪些项目才是真正需要资金支持，且收益潜力巨大或对高校发展比较重要的优质项目，进而无法合理地分配资金，影响预算资金的整体效益和高校重点项目的推进。

（四）缺乏有效的权力制衡机制

预算管理中容易产生各种问题的一个关键性原因就是从预算的编制到执行再到评价的全部环节中没有完善权力制衡机制发挥监督、控制的效用。传统预算编制需要经历三个管理层级的审批才能具有真正的效用，而在现行的预算管理体制中，职工代表大会不再具有更改预算的权利，只有否决预算权，但不影响预算的编制，因此，在预算的编制方面仍缺少有效的监督管理机制。预算编制部门通常会保留一部分机动资金，用于应对突发事件，实际上，这部分资金在用途方面并没有严格的限制，大多数情况下被用于弥补预算项目经费超标造成的经费损失，这种行为虽然表面上保障了项目的执行，但对预算评价的考核造成了消极的影响，使执行预算的部门产生了“项目失败仍有经费填充”的错误认知，大大消减了预算执行完成效果好的部门及职工的积极性。如果这一过程中有完善权威的制衡机制，那么不仅能够保障所有项目都能顺利有序地进行，预算资金灵活补充进真正需要的项目中；还能够以有效的奖惩措施避免资金浪费甚至贪污的行为。一方面提升资金的利用率；另一方面奖励工作出色的人员，对虚报经费预算、不遵守规章制度的部门及人员实施相应的惩罚，充分调动各级部门、全部职员执行预算的积极性，使高校更好地掌握资金的收支管理，完成教育事业的发展计划。

（五）高校预算管理改革滞后于部门预算改革

高校预算管理可以借鉴政府部门预算管理的经验，如定员定额进行基本支出预算的编制，滚动管理延续项目，做好预算绩效的评价工作。自 2000 年以来，财政部门预算实现了从“基数预算”到“零基预算”的转变，从“年度预算”到“滚动预算”的转变，从“投入式预算”到“产出式或绩效式预算”的转变，这几个转变使财政预算水平有了质的提升，部门预算不断细化、规范。虽然各大高校在此期间也做出了许多尝试，但收效甚微，预算管理的方法和成果仍落后于政府部门。目前，高校预算的审批不严格，预算的分配不合理，高校预算管理制度的不完善，缺少各个环节的管控机制，缺少权威的管理手段，尤其在进行预算编制时，主观认定成为主要预算依据，造成预算计划与实际执行情况严重脱离，进而影响全体高校职工参与校园建设的积极性，严重影响了高校的发展。

目前，政府财政部门对比各大高校做出的预算改革十分超前，但二者的运营本质上有很大的区别，不能以前者为标准衡量高校的预算管理。高校性质的特殊性和业务的复杂性是其预算编制困难的最根本原因，尤其在国库集中支付这一政策实施后，高校想要调整大额资金就更加困难，突击使用经费越频繁，资金利用率会更低。对“零基预算”这一编制方法进行分析，虽然其在预算编制方面具有很多优势，但这一方法对预算管理业务水平有较高的要求，当高校的预算管理水平达不到零基预算的基本要求时，即使采用零基预算进行预算编制，那也只能是有其形而无其实质，过度追求预算编制的方法而不考虑高校的实际情况只会舍本逐末。而绩效评价这一方式更适合用于工厂或生产企业，高校教学研究、培养人才、社会服务等活动的性质均不同于工厂，因此无法以工厂及企业“生产产品”的形式量化高校的社会效益或经济效益。

（六）高校总体管理水平有待提高

在预算管理中，高校总体管理水平偏低是造成高校预算管理编制、预算控制、预算评价等环节运行效果不佳的原因之一，其具体表现在以下两方面。

1. 忽视了“全员管理”

管理不只是领导者的职责所在，需要全体成员共同参与，通过自我约束和相互监督来实现。全员管理不仅需要对全校成员实行监督和管控活动，还需要建立一个包容的管理体制，让高校全体成员都能够参与进来，让每一位教职员工都能够参与管理，自主地为校园建设做出贡献。高校的所有领域都应该实现全员管理，尤其是预算管理。如果高校没有做到全员管理，由财务部门全权负责预算管理工作，那么预算编制人员很难详细了解高校的发展情况和战略决策，难以根据实际各院系的具体情况、预算项目的性质等做出科学合理、切实可行的预算编制。同样在预算执行中，缺少全员管理环节会导致各部门执行预算的能动性不强、经费使用规划的编报不详尽、无法做到在执行过程中控制项目的每一笔支出情况。全员管理的作用在预算评价中最显著，目前许多高校在制定预算评价的考核标准时，预算管理人员调研不充分，所做的考核标准往往与实际情况不符，造成教职员工对高校的发展建设积极性低、能动性差，导致出现下一年度预算编制脱离实际、经费被浪费的现象。

2. 高校管理过分追求高效率和高回报

高校采用任期制聘用中高层管理人员，这些管理人员都想在任职期间尤其在预算有限的情况下做出更多业绩证明自己，从而大量组织发展项目，期待短期建设项目能够快速产生反馈和回报，很少能从长远发展的角度进行考虑，导致在高校发展决策方面出现短视现象。

三、高校预算管理的改进、加强策略

高校预算管理工作的改革和发展，有利于高校财务管理向制度化、现代化方向发展，有利于落实高校内部管理的规范化、秩序化。高校应在坚决贯彻《中华人民共和国预算法》的同时，结合本校的办学实际，从预算编制、预算审批、预算执行及预算评价四个方面，完善和细化预算管理制度，提高预算编制质量，硬化预算约束，促进高校可持续发展。

（一）高校预算管理改进与加强

1. 重视预算管理工作，强调预算管理的全员参与

高校所有层面、领域的发展都离不开预算管理工作，由此可见预算管理对高校的重要性。高校应向下属单位部门全面普及预算管理对高校整体发展的重要意义，使高校管理层更深刻、更全面地认识到预算管理的作用，调动各个部门积极参与、主动配合预算管理工作的积极性，建立、完善预算管理工作流程。预算管理工作是一项系统工程，需要全校成员共同参与，财务人员无法独立完成。高校应发挥最高领导层的引领作用，各级部门职员尤其是管理人员应明确自身的职能和责任，充分发挥自身能动性，积极参与配合预算管理工作，不断完善和调整预算考评机制，严格按照预算方案落实到位。

2. 加强预算管理规范化建设

提高预算编制的精准度、建立健全的预算管理机制、限定收支范围、强化预算执行流程的监管力度、建立贴合实际的预算评价考核标准等对高等院校来说都是十分重要的。高校的预算管理工作越细致，获取的相关有效信息就越多，就越能够处理复杂的业务活动和管理活动。参考借鉴政府部门的预算管理措施，即定员定额管理支出预算，实行零基预算、按照顺序滚动管理延续性项目、推广实施预算绩效评价这三项管理手段。预算编制人员应与各部门保持有效的沟通，反复确认支出预算的额度，按照项目的重要程度逐一评估审核每一笔支出的明细和依

据，对每一个项目的收支情况做出细致的分析和核算，监督预算的执行过程，若发现异常情况，及时处理并找出原因，避免类似的问题再次发生，根据项目完成进度及时做好验收、评价工作。

3. 建立预算委员会，完善预算管理组织

从高校财务管理的角度来看，设置完善的预算管理组织对于高校的财务稳定和可持续发展至关重要。高校应该成立专门的预算管理部门或机构，负责财务预算的编制、执行和监控；明确制定一份综合的预算目标和政策文件，并确保所有相关部门和人员都了解和遵循这些目标和政策；预算计划应该包括所有收入和支出项目的合理预测和估算；建立有效的预算执行和监控机制，确保预算按照计划执行，并及时发现和解决偏差；定期编制和发布财务报告，向高校内部和外部相关方披露预算的执行情况和财务状况；可引入绩效评估和激励机制，将预算执行情况与教学、科研、管理等方面的绩效挂钩，建立一个完善的预算管理组织。

预算委员会是高校预算管理的组织或机构，由校长直接领导，能对预算管理做出最高决策，主要负责审核校内各个下属单位和部门提出的预算申报。如今，预算委员会主要由校内各个院系、下属单位及部门的负责人组成，分管各级的领导即为主体。目前，很多高校在实际的预算管理中采用了分层次管理的办法，为了使预算的编制能够更加准确，满足高校整体教育事业发展的要求，高校可以通过建立预算委员会加强预算的管理工作，使资源配置更合理。预算委员会是以教授为主体的组织，在校内选出声望高的教授以及教育管理、人力资源管理、财务管理、审计、资产管理等方面富有威望的专家、教授成为预算委员会的成员，保证组织的权威性和决策的科学性，遵从“教授治校”这一教育理念。

将主体是校内各级领导的预算委员会与主体是教授的预算委员会相对比，一方面，后者有充足的知识理论支持，更能做好收支平衡规范，能更好地掌握并灵活运用较先进的预算方法如零基预算和绩效预算等，提升预算经费的利用率，推进预算管理科学化；另一方面，将管理与教学工作相结合，促使教授教学更加积极，为高校教育改革提出更好的建议，促进高校教育事业的发展。然而，教授虽无法取代校领导在预算委员会中的决策地位，但可以为高校的预算管理提出科学、合理的改革意见，有效提高预算决策的科学性，预算委员会向高校校长办公会提交议案，由校领导集体决策。为了制衡预算管理中各级领导的决策权力，高校可以成立大学理事会，进而全面监督高校各级领导的预算决策科学性。大学理事会主要职能是监督高校的运行状态、规划高校的整体发展方向、审批各项经费的预算及各个项目的投资，属于决策机构。校长可以担任大学理事会理事，但和理事会其他理事享有同等权利，这样，高校领导者的预算管理权力被分散，有利于高校更好地进行预算决策整体管控和有效监管理事会的各个管理成员的权力行使。

（二）预算编制的改进与加强

1. 树立预算编制的全局观念

高校在编制预算方案时应围绕高校的整体事业计划进行，树立全局观念，根据高校各个阶段的战略决策，结合高校实际发展情况，细化预算编制方案，合理安排各项预算的分配，科学规划各项预算项目的实现路径和方式，科学估测预算编制方案对高校整体发展的影响。此外，预算编制人员在进行预算编制时应调动全体职员积极主动地参与配合预算编制工作，做出最全面、最贴合实际、最准确的预算编制。

2. 做好预算编制的基础工作

在预算委员会的带领下，高校应快速组织成立专门的预算编制工作小组，专门负责预算编制工作，严格核查各部门预算上报的情况，做好预算的定额、分配和调整调度工作。高校各个部门应安排专人负责预算编制的数据上报、反馈协调等工作。预算编制工作由财务部门统一扎口，负责统一预算口径，规划每个部门负责编制预算专员的职责，由预算编制小组向各部门规划预算目标，基于高校的发展实情结合战略规划，审核、汇总各部门制定提交的预算方案，以综合平衡为原则提出合理的修改建议，保证高校发展的总预算方案准确可靠。

在进行年度预算编制前，高校必须仔细学习和研究上级主管部门下发的相关文件，全面、细致地了解教育政策的变化和新一轮预算年度的收支标准；牢牢抓紧高校新一轮预算年度中预算管理工作的要点，明确各个常规项目和重点项目，保证预算的编制贴合国家政策，具备较强的科学性；做好高校预算年度招生规模、数量、教职工数量和毕业生数量等的统计和核实工作，并将数据与上一年度的数据进行对比，合理安排工作量，以保证预算工作的准确性。

总结上一年度预算管理工作的经验和不足，认真分析预算指标数与实际发生数的差异，分析深层次原因并提出改进措施。广泛收集和汇总各单位及部门的建议，并采纳合理的意见和建议，为下一年度科学预算编制及高效执行做好铺垫。

3. 协调高校预算与财政部门预算

目前高校预算改革相对政府财政部门而言处于落后的状态，政府财政部门应尽快出台相关预算调整办法和审批程序，尽可能满足高校预算管理的迫切需求。在相关政策出台前，高校在进行预算编制时应做到：①高校预算与部门预算编报的时间应有效衔接。高校预算通常在上一个预算年度末着手编制，在预算年度初期将编制方案下发到各个单位和部门，而部门预算编制的时间往往早于高校，为了配合部门预算，高校预算编制时间也需要适当地提前，保证两项预算编制的时间能够有效衔接，确保预算编制能够顺利进行；②重新修订会计科目。

目前，高校预算与部门预算存在会计科目的内容、科目设置及核算口径不一致的问题，因此对预算执行造成了不利的影响。预算管理人员难以控制预算的执行，只有进一步统一预算会计科目的设置、核算口径及支配范围、丰富科目的内涵，才能真正实现高校预算和部门预算的协调发展。

4. 多种预算编制方法结合使用

目前，高校预算编制的方法尚存在不合理之处，影响了预算管理的实施结果。预算编制方法的改革迫在眉睫，但这并不意味着舍弃已有的编制方法，采用全新的编制方法；而是在高校常用的预算编制方法中融入一些新的预算编制理念，如绩效预算、零基预算、滚动预算以及复式预算等方法，结合高校实际情况，灵活运用，使编制方案更加科学合理。

零基预算是以零为起点设置支出预算的预算编制方法。这种编制方法不同于传统的编制方法，能判断每笔支出预算的必要性，还能够重新分析和研究每一笔支出预算的具体额度。高校可以使用零基预算这种方法核定各个部门和项目的支出预算数额，如按标准重新核定每一位教职员工的工资，可以较为准确地做出工资性支出预算；重新划分各项教育支出和其他各项科研经费的类别，根据具体的项目做出较为精准的预算编制。零基预算的方法能够帮助高校优化支出结构，节约经常性的支出，优化资源配置，使高校最具发展前景的战略性项目获得充足的资源。零基预算明显优越于传统的增量法。

高校可以灵活运用复式预算法编制建设性的支出预算。高校应对总预算进行项目分类，分成经常性支出和建设性支出。创建建设性支出预算的项目库，并依据重要程度对项目进行排序，结合高校的资金资源现状做出最合理的分配方案，并根据各个项目的实际执行情况及时灵活地做出调整。在执行建设性的支出预算项目时，需综合考虑高校经常性预算的支出情况和收入预算，再对建设性支出预算项目的经费额度做出调整。使用滚动方法管理中长期的预算项目，依次递补资金供给，结合高校的实际情况不断调整或改进、完善这些延续性的项目，灵活协调，避免因项目执行时间过长导致项目在执行过程中脱离实际，盲目进行。做好预算项目的编制工作有利于预算顺利执行达成预期目标，从而为下一年度的预算编制提供更好的参考和指导，提高预算编制的准确性和科学性。

绩效预测作为一种预算编制方法，专注于校内各部门的实际运营情况。具体而言，此方法将各部门的任务完成情况、业绩产出、效益生成以及对高校的贡献程度，作为评估部门预算经费额度的核心标准。通过实施浮动的激励机制，可以激发高校教职人员的工作热情，鼓励他们创造出更多的业绩。这不仅有助于提升高校的管理效能，还能加强对部门经费预算的监督力度，进一步完善考评制度，从而推动整个高校系统的持续健康发展。

5. 远近结合，编制中长期预算

对高校来说，中长期预算编制不仅能够辅以赤字预算，还能够准确地为高校的延续性项目做出方案，还对高校的可持续发展具有重要意义。可持续发展是我国院校长久立足和运转的首要目标，编制中长期预算为高校实现目标提供了最基本的保障。因此，中长期预算编制需要建立在高校长远发展的计划上，为未来三到五年预期甚至未来十年预期的更高层次预算做准备。在做编制中长期预算时，应结合高校的整体发展和运营，以可持续发展为原则，紧靠战略目标实行编制。另外，还需要注意各种预算因素在不同阶段的变化，根据变化突出相应的预算重点，兼顾当前阶段和未来的发展。

6. 适度赤字预算

“量入为出，收支平衡”一直是高校预算管理工作中遵循的基本原则。高校应紧跟时代进步和教育改革的步伐，突破传统预算编制理念的限制，在条件允许的情况下可以适当引入赤字预算。目前，各大高校为追求更好的发展和更大的教学规模，支出预算逐年增长，资金供求方面的矛盾愈加激烈，赤字预算的适度运用能够有效保障重点项目的执行，保障高校事业计划的实现。但要注意的是，这种赤字预算不可以是永久性的预算活动，只能在特定的条件下根据特殊情况短期存在，必须能够在一定时间内通过资金统筹安排实现总量平衡。

赤字预算是特定的时间内用于编制预算的一种方法，能够辅助高校临时调整预算项目的编制，将资金资源迅速集中，为高校完成中长期的发展规划提供有效支撑，保证重点项目顺利执行。赤字预算打破了编制预算的常规模式，能够快速抓住发展机遇，通过快速提升高校的科研水平和办学条件来提高高校综合竞争能力。编制赤字预算能够帮助高校调整财务经费的分配，避免通货膨胀可能给教育资金带来的负面影响。由此看来，适度编制赤字预算对于高校的发展非常有利。高校中长期预算编制应紧密结合高校的实际情况，在原有的常规年度预算编制方法外适时引入赤字预算，为高校更多稳定的长期发展项目提供资金支撑，帮助高校在未来的长期经济活动中实现动态平衡。中长期的预算编制能够与赤字预算编制方法相适应，在年度预算出现赤字或者产生结余时，高校可以在未来2~3年时间里，实现灵活的自我调节，实现在贴合高校实际的情况下做出更加准确的预算编制，进一步提升资金的利用效率和收益。

7. 下属部门编制责任预算

高校的下属单位及部门在行使支配预算经费权力的同时，也要承担起预算编制的责任。编制责任预算，首先应该为预算的编制制定责任标准。各级部门应在申报支出预算的草案时，同时提交支出预算经费的申报报告，并在报告中将各项预算经费的金额标准、规划原因、责任目标、预期使用时间以及相关证明、责任书、承诺书等予以明确。财务部门将收到的报告资料归纳整合，编制资金流量计划表和预算收支报表，提交至预算委员会，由预算委员会进一步讨论。高校的各个部门作为责任中心，如果把设定预算期内责任目标的工作全部交给各个部门完成，将得不到有力的管控，导致预算管理松散，而由预算委员会单方面设定，则很容易导致目标脱离实际。因此，只有将二者结合，才能够设定出最理想的责任目标，做出最佳的责任预算编制，其流程是“制定方针—责任中心编制—责任中心上报—高校汇总—委员会讨论决定”。

8. 合理确定预算收入，科学安排支出

预算编制包括支出预算编制和收入预算编制。各项收入预算必须按照稳定性原则进行，将高校合法、合规且在常规条件下可实现收入的项目，全部纳入收入预算编制中，纳入预算的项目必须有可靠的经济依据，既不可以高估、虚报收入，也不可以隐藏、少报收入，避免使用不可靠的收入信息混淆收入预算的编制，对支出预算的编制产生影响。此外，高校还应向下属部门落实收入预算的编制工作，追溯收入的来源并预测收入数目，按部门逐一汇总到收入预算编制中，保证预算编制的准确性。高校的商业性质贷款也可以看作是一种收入预算，必须有基本建设支出预算项目与之对应，但从原则上来讲，商业银行贷款在预算的编制中一般不得用于高校基本建设性支出之外的项目支出。

高校的支出预算编制工作讲求实事求是，要求有一定的科学依据，追求客观事实。高校在编制支出预算时应结合实际，一方面，所编制的支出预算金额必须明确，并且能够将执行单位或部门的工作成果真实地呈现出来。另一方面，高校应重视支出预算的编制结构，按照项目的重要性和轻重缓急程度合理安排支出预算。根据不同的院系和部门中经费的用途和性质差异，根据不同分类、分档编制公用经费的支出预算，院系可以按照教职工人数、学生人数，根据日常维持费用等采用专项定额与综合定额相结合的方式编制公用经费的支出预算；行政部门依据不同的职责采用分类分项定额的方式编制支出预算，其中包括教改项目和学科建设等特殊的专项补助支出项目；后勤依据经费的用途、成本消耗、工作量等，分别采取相应的标准编制支出预算。

（三）预算执行的改进与加强

即使预算编制得再全面、科学，若没有按计划有序地执行，只能是纸上谈兵，毫无作用。因此，严格按预算执行能够保证预算管理落到实处。

1. 完善国库集中支付制度

国库集中支付制度能够为高校预算项目的顺利执行提供保障，进而保障其执行效果。完善这一支付制度的方式有以下三种：①修订该支付方式相关的各项法律法规，建立完善、合理的管理制度；②保留或为高校设置基本账户，作为非税收入过渡账户，用于集中汇缴高校的非税收入，完成记录、归集以及结算等业务；③允许高校零余额账户向高校基本账户和基建账户转付特定的资金，以解决项目资金归属、基本建设拨款、向后勤集团和分校区划拨资金等国库改革中遇到的各种问题。

2. 强化内部控制

为了保证预算能够顺利执行，高校应建立完善的内部控制机制，强化内部控制。高校的资金资源是有限的，因此要想保证预算项目按计划完成，就必须加大对财务活动的监管力度，全程监督控制资金的收支情况，避免资金使用出现异常和贪污的现象，使各项经费产生更大的使用效益，以便达到预期执行效果。高校应从各个方面完善支出的内部控制体系，例如，按照标准限定招待费、差旅费等公用经费的支出；资产采购实行归口管理，统一采购办公设施、各种耗材并规范其领用，做好收支明细和仓库存取记录；各部门的水电费实行包干；教学科研仪器设备采购与使用实行全校统筹，建立全校统一的实验中心，为确保实验中心的规范运行，需要制定详尽的管理办法，明确实验中心将采用企业成本核算的方式进行内部核算。同时，针对实验室设备的使用，将设定合理的收费标准，并明确收费用途及资金管理规定，以确保资金使用的透明性和合理性。

3. 强化校内采购管理

高校规模不断扩大，而内部管理权却逐渐分散。同时，采购商品的多样化等原因也加大了高校物资采购工作的难度。而且，政府采购审批严格、流程复杂，采购所用的时间一般也较长。因此，高校应强化校内的采购管理工作，尽量按照年度使用计划统筹采购，在目标达成的前提下缩短政府审批时间，优化采购流程，确保预算项目的高效实施与顺利推进。

4. 细化预算

详细、明晰的预算方案是预算项目得以高效执行的前提。从内容、目的、责任、经费等全方面细化预算项目，并细化到个人，这样不仅能保证各个部门及个人严格按照相关规章制度执行预算项目，在预算执行的各个环节中找出节约成本最有效的办法；还能明确每个人的责任，谁的问题谁负责，有利于对最终的预算执行结果做出最科学、准确的考核和评价。

5. 人本管理

人本主义现已融入高校的方方面面，包括预算执行。高校利用各种内在的激励手段刺激教职工积极主动地执行预算项目，使预算执行成效显著。从根本上来看，预算执行是以财务指标为中心，但其本质上是对人的管理。因此，想要预算执行达到预期效果，就必须摒弃“以物为本”的旧思想，充分调动教职工的能动性，摒弃“绝对服从”的原则，坚持以人为本的理念进行预算管理。以人为本管理理念的核心就是要将财权、事权适当下放，监督权以及处置权由高校集中管理，人本管理能够使高校形成互帮互助、互相尊重的良好工作、学习氛围，有利于培养教职工的主人翁意识，增强其责任感，进而达到事半功倍的预算执行效果。

6. 严格预算执行

高校经费有限，预算一经审批原则上不再变更，高校采用的静态预算导致高校的资金在实际分配时，供求矛盾非常突出。因此，预算管理部门应严格监管预算执行期间的资金使用情况，严格管控预算经费调整，各级单位和部门应按照预算口径，在经费预算的额度内完成预算项目的执行。如有项目确需预算调整，必须依据规定按照流程提出调整预算的申请，申请通过后，按新预算方案执行。高校应明确各部门领导及员工的各项权利和责任，设定审批权限，保证已批准的预算不被随意更改，确保预算严格执行。另外，高校应加强对支出预算的管理，各项支出必须有原始凭证，能够证明其合法性，杜绝无预算、超预算、无原始凭证的预算支出，各级部门应对每一项支出负责，将责任细化到个人，做到按规定执行预算，不超预算。严格预算执行，在执行过程中监督控制资金的流向，保证预算管理的权威性和严肃性，当出现特殊情况必须调整预算时，应按规定程序报批后方可调整。

（四）预算控制的改进与加强

1. 加强事中控制

加强事中控制主要表现在两个方面：①加强对预算的约束，以预算为核心控制各个预算项目；②加强对执行过程中的管控，实时掌控预算的执行情况，避免实际支出超预算。预算编制未获得批准前，各部门只能将上一年度同一时期的支出作为安排这一时期的支出预算依据。预算通过审批下达到各个部门后，除国家政策变化或者高校的招生规模发生变化等不可控因素外，预算不能擅自更改。因此，就需要做好预算的事中控制，高校可以采取按月份、季度或者年度拨付预算款项，有效掌握预算执行进度，平衡收支预算。此外，高校应提升预算编制人员的专业水平，在尽量贴近高校的实际发展情况下进行预算编制，提高预算编制的严谨性。

2. 改进预算控制方式

高校通常从横向和纵向两个方面实现对预算的控制，因此，可以从这两个方面改进高校预算控制的方式。首先，高校应完善预算控制机制，全面控制各项资金的收支情况，明确各级管理部门的职能和责任，使各个部门相互配合，协调工作，共享信息资源，实现对预算控制的横向改进。其次，应组织财务、审计等部门集思广益建立健全的预算控制体系，实行预算管理全覆盖，实现预算控制的纵向改革，高校需从资金的审批起严格监督、控制资金的流向和使用情况，掌握预算项目的执行情况，辅以预算绩效评价，强化对预算的控制。最后，高校应保持预算公开、透明，定期向高校所有部门及师生公布资金的分配情况，分享校园的建设情况，接受全体教职员工和学生的监督，建立有效监督反馈机制，全方位改进预算控制的方式方法。

3. 改进预算控制手段

（1）设置多段监控点

财务部门应采用分期分额拨付资金的方式控制预算执行各个阶段的预算额度。有些高校利用计算机报账系统辅助管理高校的日常经济活动，通过设置多段报账系统监控点监督经费收支情况，控制预算的支出速度和流量，保证收支平衡，避免经费的浪费和突击使用，提高资金的使用效率。此外，使用计算机报账系统有利于评估预算评价的真实性，帮助高校筛选出真正有意义的评价结果。目前，大多数高校仍采用半年制实施监控，通常设置上半年可用支出预算额度为总预算的 45%，其余部分用于下半年，这样的分配比例能够有效避免上半年资金浪费、下半年资金不足的现象，基本可以保证收支平衡，有利于高校的宏观监控。另外，也有高校按月度、季度对预算实施多点监控，随时了解预算的执行情况，及时调整执行进度。

（2）建立有效的分析机制

为了对支出预算做出科学合理的分析，财务部门将各部门的支出情况绘制成两种不同统计口径的预算统计表，其一是根据支出的功能分类绘制，另外一个统计表根据支出经济分类绘制，两个表格所呈现的总量应保持平衡。预算统计表能够帮助高校财务部门科学分析事中控制情况，能够帮助财务部门找出统计月份中实际支出与预算支出之间的差异，并联系相关预算负责人及时采取措施做出分析和调控，减少或消除对当月及以后月份预算执行的影响。主要可以从以下三方面分析导致预算差异的原因。

①账务处理是否正确。高校在进行会计核算时，需要对收支情况的金额、科目以及出入账时间进行判断，判断获得批准的预算方案与该记录的明细是否一致。

②外部条件改变。有时，外部因素也会导致其预算定额的标准发生改变，预算方案中部分拟入名单中的产品或者服务的价格，也可能会出现实际购买时与编制的预算相比有浮动，造成预算有结余或者超支的现象。对于此现象，预算管理部门应基于实际情况做出细致的分析和正确的判断。

③内部环境变化。高校内部环境改变也可能影响预算方案的执行效果。例如，某部门突然被要求执行不在原预算编制中的项目或活动，或原计划中的某项目实际执行时难度、时间长短、经费使用总额、重要性等都与预算水平有很大偏离，高校应持续监督预算项目的执行进度，及时发现问题，并就预算差异的成因进行合理分析并提出相应的解决措施。

4. 借助网络手段实时控制

当今社会信息技术的发展水平不断提升，各种财务软件、管理软件不断产生，高校也可以自行研发应用校内财务管理的网络平台，通过网络快速获取各部门预算支出的使用情况，各部门项目的执行情况透明化，有利于高校详细了解预算的执行情况，并对比预算方案和实际执行进程，以及及时干预调控。此外，高校还可以通过财务管理系统或平台进行横向、纵向的指标对比，全面了解每一笔预算的支出额度和每一个项目的进展情况，进而加强对预算的控制。

（五）预算考核的改进与加强

高校进行预算评价有利于全面地了解和考核预算目标的具体执行效果，以便准确、客观地评价预算的编制、控制及上报等情况。预算评价关注的不仅是高校资源的使用情况，对资源的利用率和产生的效益问题也同样关注。做好预算评价工作、完善预算考核机制，是高校优化资源配置进而更好地发展教育事业的重要要求。

1. 建立健全预算评价体系

做好预算评价，强化预算考核，建立科学、完善、行之有效的预算评价体系，一方面，有利于高校更好地监督和控制资金的使用情况，从各个阶段全方位地了解预算执行情况，对于预算项目执行过程中产生的问题能够及时做出分析和调控，有利于高校强化预算控制，保证预算的执行效果，进而了解预算编制的科学程度，以便为下一个预算年度编制更加科学准确的预算奠定基础，以便更好地掌握未来一段时间内高校的总体运行状况；另一方面，完善的预算评价体系有助于预算管理贯彻到全校每个成员的工作、学习中，有利于各个部门及职员明确自身的责任，有助于实现预算管理对全校各部门和所有成员的全面约束，激发所有教职员工努力实现自我价值，为高校教育事业的发展做出贡献。

高校应先成立预算评价的组织或机构，再制定规范评价工作的机制，以获得真实的评价结果，进而构建出可靠、健全的预算评价体系。预算评价应涉及高校发展的方方面面，如社会效益、办学成果、项目投资、经济效益等方面。在制定预算评价指标时应兼顾长、短期效益，充分考虑定量、定性的原则综合评定。由于各个高校规模、类型等都不尽相同，因此，不能使用一套预算评价体系服务所有高校，各个高校可以结合采纳平衡计分卡和关键指标评价这两种形式，以绩效目标入手实行量化考核标准，制定符合自身发展情况的预算评价指标体系。其中关键评价指标通常包括：财务综合实力评价指标，常用于评价高校的教学规模、经费来源以及办学条件；发展潜力方面的指标，如自有资金的使用程度、现金净额增长率等；运行绩效方面的评价指标，包括年度收支比、经费自筹率以及产业资本增值率等，还包括人才培养专项指标和学科建设专项指标等；偿还能力方面的指标，如资产负债率、速动比率等。此外，还需要制定可靠、科学的考核指标，考评程序以及奖惩制度，从而构建出完整的预算评价体系。

2. 强化预算执行结果的分析

高校预算评价工作中最重要的一项就是全面分析预算的执行结果，包括分析预算项目的执行效果和导致预算方案与实际执行情况存在差异的原因，还包括对执行差异的调整措施，以及对于预算结果进行分析总结编制报告这几部分的内容。高校可以从以下方面强化预算执行效果的分析。

首先，高校必须对预算分析的内容做出科学、合理的界定，科学分析收入预算和支出预算两部分项目的执行效果。根据高校收入预算的来源来看，其中包括高校的自创收入和外部收入，自创收入即科研产业合作收入、学费收入等事业性收入和高校的其他经营项目收入；外部收入包括社会组织捐赠、财政拨款等。高校的支出预算包括教学管理费用和教学业务费，教学管理费指间接与教学科研相关的支出，如管理部门支出的办公费用、接待费用等，教学业务费即教学设备费、教师课酬、资料费等直接与教学科研相关的支出项目。

其次，高校应根据需要分析的预算项目内容找出科学可靠的分析方法，站在客观的角度完成分析。高校在分析预算执行的结果时，有很多种方法可以选择运用，如差额分析、比较分析等。随着高校预算管理的发展，分析理论的不断丰富，将会出现更多的分析方法，从而得出更科学、准确的分析结果。

最后，高校应坚持两项分析原则即重点分析原则和全面分析原则，来分析预算执行的结果，在整体把控高校所有经济活动的基础上完成分析。只有贴近高校发展实际，才能够得出准确的分析结果，对比收支预算与实际情况的差异并找出原因，归纳总结执行过程中存在和可能出现的各种问题，提出改进措施和有效意见，总结预算执行经验为下一年度编制更科学可靠的预算提供参考。此外，高校一定要注意重点项目重点分析，结合实际发展情况，在重要的经济活动中吸取经验总结教训，为当前年度接下来的预算工作或者下一年度预算编制提供有力的保障。

3. 重点对预算结果的差异进行分析

无论是支出预算还是收入预算，高校都应该从多个层次分析预算差异产生的原因。重点核实各个支出预算项目中经费的使用明细，对产生结余的项目做好统计工作，把各项任务的完成效果和进度等情况以报表和书面报告的形式分类分项地做好详细说明，找出造成收入项目中资金较预算有增减差异的原因，通过系统的书面报告和详细的报表呈现出来。高校可以对预算的差异做定量、定性的分析。定量分析即深入分析实际的执行进度、收支结构以及偏离预算额等；定性分析即分析出实际收支偏离预算额度的主客观因素。客观、准确的分析结论一方面可以作为预算评价，有利于预算编制工作有条不紊地进行；另一方面可以为预算管理工作的改进提供重要支撑，使其更加完善。高校也可以对差异进行横向分析和纵向分析，前者指的是高校可以选取合适的指标与规模、类型相同或相似高校进行比较，或者在校内各个院系之间进行对比；后者指的是高校从以往各预算年度中选择相近或相同的指标进行对比；无论采用哪一种方式，都要求比较对象之间具有可比性，科学分析其差异。

4. 分部门实施预算评价

高校以整体预算评价体系为基础，设定了多个角度的评价指标，制定了多种评价标准，对高校财务活动是否科学、合法，具备真实性及效益性做出全面、客观的评价，将得出的考核结果与预算项目负责人的业绩挂钩，根据奖惩制度将奖惩落到实处。各部门在设计预算评价指标时可以参考以下三个方面。

一是投入。资金、场所、人力及设备等各项投入指标，都能够在预算项目中用于衡量消耗的资源，即产生生均教学面积、生均教育经费以及生均教学设备等指标。在根据投入指标完成的部分预算评价中，成本预测至关重要，应建立更为完善、可行的会计核算体系。

二是产出。产出指标是在预算期内完成的工作、提供服务或产品的数量，包括“收入完成数”“毕业生一次性就业人数”“自筹经费完成数”“接待来宾人次”“档案入档册数”等指标。产出指标的计算相对比较容易。

三是结果。结果指标用来衡量项目或服务的结果，包括各院系的“英语四、六级通过比例”“国家资格考试通过数”等指标；各科研单位的“国家级课题占全部课题金额比例”“国家级课题占全部课题数量比例”“SCI、SSCI 文章发表数”“有国际影响文章发表数”等指标；管理部门的“收入预算完成比率”“支出预算完成比率”“解决来访问题满意率”“处理问题及时率”“各项检查合格率”等指标；后勤部门的“绿化率”“食堂就餐率”等指标。结果指标是预算评价指标体系中最重要的部分。

高校内各部门的特点不同，其指标也各有不同。因此，应根据各部门的职能、性质等采用不同的预算评价标准，这样既公平又合理，能够有效激励各部门努力发展自身的业务。例如，可以以节支增效作为重点考核各部门的预算评价；对于专项工程，高校可以将预算评价的重点放在检验工程的质量达标程度方面和对比预算决算项目节支程度方面。另外，各个高校的情况也有所不同，应依据自身的实际条件制定预算评价的考核标准。如果全校采用一致的预算评价体系，不仅无法实现考核的目的，也不能获得真实的反馈，从而影响高校的发展。

5. 根据评价结果实施激励

高校的预算评价只有辅以有效的激励机制，才能产生真实有意义的评价，而激励制度的作用在预算评价中能够凸出体现出来。高校通过完善的激励机制能够促使员工积极参与预算评价，获得预算执行的真实情况，根据评价结果给予部门及职员一定的奖励或惩处。在预算评价机制和激励机制构成的体系中，如果任一机制不健全都会影响评价结果的真实性、公正性，导致预算评价失去存在的意义；导致评价指标不再对部门及职员产生约束作用，预算管理全面失效；还会导致全体教职员工消极怠工，各部门的职能、责任的边界模糊，严重影响高校的发展。高校只有贯彻权责一致的管理原则，实行完善的预算管理制度，辅以合理有效的奖惩机制，按照规定落实分档奖惩制度，对于项目完成效果显著的部门或个人给予充分的奖励，对于未达成预期目标的部门及员工做出相应的惩处措施，激发业绩垫底单位或部门的积极性，分析未完成任务的原因并提出改进意见，帮助其进步，在保证高校管理制度严肃性的同时促进全校共同发展，共同进步。

第三节　高校预算管理机制创新

近年来，不论在高等教育实践中还是在高等教育理论探索中，高等教育现代化已成为人们无法回避的实践问题和理论问题。凡事预则立，不预则废。对于一所现代化高校来说，省级部门预算或校内综合财务预算代表高校某一阶段的工作重点和发展方向。数字中有政策，决定数字就是决定政策。数字中包括轻重缓急，哪个项目该办，哪个项目不该办，这是一个重要问题。因此，强化预算管理，严格控制支出是高校切实提高财务管理水平的重中之重。下面介绍高校预算管理的创新机制——高校预算绩效管理机制。

一、高校预算绩效管理机制构建的基本思路

高校预算绩效管理机制应充分考虑高校发展战略、制度设计、预算编制原则、绩效评估指标、资源分配机制、绩效奖惩机制以及监督与反馈机制等因素，以确保预算资源的有效配置和高校绩效的提升；另外，还应该充分参考财政部、教育部颁布的《高等学校财务制度》。

高校预算绩效管理机制的基本思路是通过合理分配和有效管理预算资源，实现高校的目标和使命，并提高教育教学质量和绩效。首先，高校需要明确自身的发展目标和战略方向。其次，确定与这些目标相对应的关键绩效指标，基于绩效预算优化高校预算管理机制，将预算编制与高校的目标和战略相结合。最后，通过设定明确的绩效目标和指标，引导高校各部门和项目实现更加明确、可衡量的目标，提高预算使用的针对性和效率，将资源分配与绩效挂钩，合理优化资源配置，实现资源的最大化利用，提高高校的整体绩效。

根据高校的发展目标和指标，编制相应的预算计划。预算计划应涵盖各个部门和项目的经费要求，包括教学、科研、人力资源、设备采购等方面。同时，要考虑到资源的有限性和合理分配原则。

高校需要建立科学合理的绩效评估和考核体系，对各项指标进行定量或定性评估，并将绩效评估结果与预算分配相匹配。评估可以包括教学水平、科研成果、师资队伍建设、学生就业等方面。同时要建立奖惩机制，激励和倒逼各部门和人员提升工作绩效。总之，高校预算绩效管理机制的基本思路是以目标为导向，通过科学的预算计划、有效的执行和监督、合理的绩效评估和考核，实现高校资源的有效配置和绩效的提升，从而推动高校的可持续发展。高校预算绩效管理机制如图 4-3-1 所示。

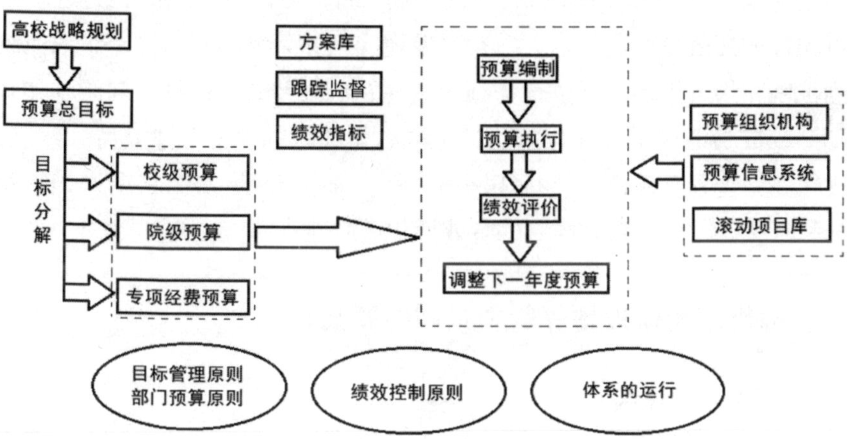

图 4-3-1　高校预算绩效管理机制

高校预算绩效管理机制的构建原则涉及目标管理、部门预算和绩效控制等三个方面的内容。

第一，目标管理方面，应践行战略导向原则、可衡量原则、整体一致原则。高校预算绩效管理体系应与高校的长期发展战略相契合，预算编制和绩效评估指标需要与高校的使命、愿景和发展目标相一致，确保资源的合理配置和使用；设定明确、可衡量的目标和指标，使其可以被量化并进行有效评估；目标应涵盖高校的教学质量、科研成果、社会服务等方面，并具备可操作性和可追踪性；高校各级部门的目标应与高校整体目标保持一致，确保全校资源的统一协调和整体效能的提升，各级部门的目标设置应相互支持、相互协调，形成合力以推动高校整体发展。

第二，部门预算方面，应践行目标驱动原则、合理公平原则、可控性原则。部门预算编制要以实现目标为导向，将资源分配与绩效目标相匹配，预算分配要根据各部门的发展需求和战略重点，优先支持高绩效项目和战略性项目，实现资源的最大化利用；预算分配应遵循公平、公正、公开的原则，确保各部门的预算分配合理公平，在预算编制过程中，要充分征求各部门意见，确保透明度和合作性，避免出现资源分配不均和利益冲突的情况；部门预算要有明确的控制和监督机制，确保预算的执行与绩效目标相一致，预算编制时要合理设定目标，明确预算执行的约束条件和流程，加强预算执行过程中的监控和评估，及时调整和纠正偏差。

第三，绩效控制方面，应践行监控与反馈原则、激励约束原则、持续改进原则。建立健全的监控和反馈机制，通过内部审计、外部评估和质量监控等方式，对预算执行和绩效目标进行监控，及时发现问题并采取纠正措施；绩效控制应结合激励机制和约束机制，激励优秀绩效、惩罚低效绩效，通过正向激励和负向压力推动高校成员的积极性和创造力，促进整体绩效的提升；建立持续改进机制，不断优化和完善预算编制、执行和评估流程。通过反馈机制和经验总结，及时调整目标和方法，以提高绩效控制的有效性和适应性。

二、构建高校绩效预算管理机制的原则

（一）目标管理原则

目标管理的先进性主要体现在它在组织管理中采用了一种科学、系统和灵活的方式来设定、执行和评估目标的能力。目标管理应基于数据和事实，通过合理分析和决策过程来设定目标。它应该建立在全面了解组织内外环境的基础上，遵循科学的管理原理和方法，以确保目标的可实现性和有效性。目标管理需要以系统的方式来进行。它涉及目标的层次结构、目标之间的关联性以及目标与组织之间战略的一致性。通过系统性的目标管理，可以使各级目标相互衔接，形成统一的组织目标体系，推动组织各个部门和个体朝着统一的方向努力。目标管理应具备一定的灵活性，以应对外部环境的变化和组织内部的调整需求。它应该能够及时调整目标的设定和执行方式，以适应不断变化的市场需求和组织目标的调整。

在高校战略管理中，目标管理具有重要的意义。通过目标管理，高校可以明确自己的战略目标，将其细化为各级具体目标，明确组织所追求的方向和要达到的结果。这有助于提高高校的内部一致性和执行效率。目标管理可以帮助高校合

理配置资源，将有限的资源用于实现优先级高的目标。通过设定明确的目标并进行有效评估，高校能够更好地决策和分配资源，提高资源的利用效率和组织绩效。目标管理强调目标的周期性评估和调整，它可以帮助高校建立反馈机制，及时发现问题并采取相应措施进行改进。通过不断反思和调整目标，高校可以推动自身不断学习和进步，实现持续的改进和发展。

（二）部门预算原则

部门预算具有较强的控制力，是高校绩效预算管理中的基础工作和一个重要环节。目标管理的实现、项目管理的落实和绩效评估都离不开部门预算。传统的预算体制执行的是“一年一预算，预算就一年”的原则，如果因为年初预算的编制不合理，预算管理人员就需要做大量后续的调整工作，不能保证预算的严肃性。而采用部门预算，就在一定程度上避免了此问题的出现。部门预算规定，预算一经上级部门批复，学校应该按照预算执行，不能随意调整，从而使预算的约束性和严肃性有了保证。同时，预算的透明度也有了增强，能有效防止预算执行和分配过程中不规范的行为。

部门预算的实施既是预算管理体制的一次变革，也为财务管理带来了新的思路。部门预算的实行改变了传统预算的编制不细致，且预算不能具体地落实到项目上的现状。部门预算要求预算的编制应该细化到具体项目，以能够保证资金落实到位，但同时也要对预算项目的可行性、时效性和具体意义进行考察分析。传统预算的管理是“一管就死、一放就乱”，学校内部各部门有各自为政的局面，而部门预算解决了权力分配的问题，通过目标这一核心内容，使各部门形成了在共同目标指引下的竞争合作关系。

（三）预算监控原则

在高校绩效预算管理的过程中，做到全程监控预算的执行是发挥绩效预算作用的保证，对预算的监控是为了保证执行预算的正确性和高效性。通过预算执行和预算监控的分离，建立起更加完善的预算管理机制，这样能够更有效地监控预算的执行过程。

预算过程监控是根据对比各部门制定的目标和指标体系，全过程监控预算执行的效果和执行情况，以便及时准确地掌握预算执行是否偏离了最初制定的目标，同时利用绩效评价指标对预算的合理性做出判断，通过透明且畅通的反馈体系反馈给管理层，作为下一年度预算资金分配的依据，逐步优化预算管理机制，提高预算效率。

三、高校预算绩效管理机制的运行

高校预算绩效管理的流程可以简述为：

首先，编制预算前要进行决策，制定绩效目标，即确定好目标及目标实现的方式和需要配置的资源。所以，高校预算的编制应当在一个中长期的发展框架下，合理地将长期目标与短期任务结合起来，充分预测本年度应当完成的目标，以及实现这些目标的方式及对支出总量的控制和安排等，形成对总资源的预期。

其次，通过对各项目计划的可行性和紧迫性进行优先排序，对既定的总资源进行合理的配置，来编制高校预算。可以通过对高校需要完成的任务进行评估，测算其需要投入的成本及预期的产出效果，并结合总体战略优先权来进行排序，为高校资源配置的合理性提供依据。

再次，高校预算编制之后，要确保在投入的预算执行过程中按照既定的目标顺利开展高校的各项活动。这需要在预算控制环节建立阶段性成果与预期标准相比较机制，正确衡量投入与产出之间的关系，形成对预算执行的控制。

最后，在预算期末要对产出效果进行评价，即进行预算绩效评价，并将评价结果运用起来，作为下一年度预算编制和进行决策的依据。高校应当建立起预算绩效评价程序、方法和标准体系，并将结果运用于接下来的决策和执行中。

四、预算绩效目标的制定

（一）制定预算绩效目标

高校预算绩效目标的制定步骤包括：

①每个高校都有自身的特点，高校应当对自身优势专业或重点发展领域进行定位，并在考虑经济效益和社会效益的基础上，确定长期目标。

②对高校综合目标进行分解，与各学院及二级单位协调沟通，保证目标合理科学，协助各部门制定本部门的具体目标。

③针对各部门的具体目标，确定实现目标的途径和具体方案，并通过方案库的建立，选择最优方案来编制预算。

（二）建立方案库

建立备选方案库，收集多种实现目标的方案。

首先，测定每种方案的成本和绩效。通过对每个方案所需投入的资源进行测算来预测成本；通过衡量每个方案关键绩效指标的实现程度来预测绩效。

其次，确定最优方案。对方案库中各项方案的成本和绩效按照优先顺序进行排序，并综合考虑外部因素，如风险、不确定性、时间因素等，选择出最具竞争力的方案。

最后，确定具体的项目计划。根据选出的最优方案制定出详细的计划，为预算编制奠定合理的基础。

（三）测定绩效成本

高校预算绩效管理的实施，需要科学的绩效成本，即高校根据绩效目标来开展相应业务活动资源耗费的量化。为了合理测定绩效成本，要以活动为对象，将相关的所有资源耗费进行归集，并按照权责发生制基础确认和核算。高校开展如人才培养、科研等活动而发生的实际成本费用，应当采用权责发生制来进行核算，剔除当期开支与相关活动无关的费用，并将以前支出但在本期耗费的部分以及本期实际耗费的部分纳入核算范围。只有衡量出真实的成本费用，才能为高校实际的预算绩效评价打好基础。可以按照直接费用和间接费用的分类绩效成本方式进行归集，根据绩效目标的分类，分别对应教学绩效成本、科研绩效成本和社会服务绩效成本三个类别归集直接费用。对于水电费、行政管理费等费用，通过间接费用账户来归集。

对绩效成本测定之后，可以编制绩效成本表，采用细化的表格进行归集，清晰地展示每个活动在各个过程发生的各项费用，便于在后期预算执行过程中加以控制。

五、高校综合预算的编制

（一）校级经常性收支预算的编制

校级预算包括编制校级可控收入预算和校级支出预算，前者是指高校在预算期内，根据自身的经营状况和经济实力，预测并安排可以控制的收入来源以及相应的预算数额，包括各种形式的收入，如学费、科研经费、捐赠款、项目资助等，在预算编制过程中，校方会考虑历史数据、市场需求、政策变化等因素，合理设定可控收入目标，并根据实际情况进行调整和管理；后者是指高校在预算期内，根据各项经费需求和规划目标，预测并安排支出项目和相应的预算数额，涉及高校的方方面面，包括教学、科研、人力资源、基础设施建设、行政管理等各个方面的支出。在预算编制过程中，校方会综合考虑各项支出需求、政策要求、财务状况等因素，合理安排支出预算，并根据实际情况进行调整和控制。

学校一级可控资金安排通常指的是学校内独立自主支配、由学校直接管理和运用的资金，如学费收入、财政拨款、科研经费、捐赠款等。校级支出预算的编制范围是指在这些可控的资金安排范围内进行预算编制和支出管理，而不包括其他来源的资金或与学校无关的支出。在校级支出预算编制的过程中，学校会对学校一级可控资金按照具体收支项目进行分类，制定各项支出计划和预算数额。例如，在教学方面，学校可能将校级支出分为课程建设、教材教法、师资培训等支出项目，以此为基础制定教学方面的支出预算；在科研方面，学校可能将校级支出分为基础研究、应用研究、项目评审等支出项目，以此为基础制定科研方面的支出预算。学校的资金来源和支出范围可能因为不同地区、不同类型的学校而有所差别。因此，对于不同的学校，"学校一级可控资金"的具体范围也会有所不同。

校级收支预算中的人员经费主要包括学校内各类人员的工资、奖金、津贴、补贴、保险等费用。具体来说，这些人员包括教师、行政管理人员、科研人员、辅导员、实验室技术人员、职工等。通常情况下，学校会根据人员的岗位、级别、职称等因素确定各项人员经费的数额。例如，对于教师，学校会按照其职称、工龄、工作量等要素制定基本工资和绩效工资标准；对于行政管理人员，学校会考虑其职位等级、工作年限等因素制定相应薪酬；对于科研人员，学校会根据项目经费、科研成果等指标给予相应激励。

在制定人员经费预算时，学校还需要考虑各项社会保障和福利待遇的费用，并按照国家和地方政策进行缴纳和发放。此外，学校可能会设置一定的经费用于各类奖励和补贴，如科研成果奖、教学优质奖、住房公积金补贴等。采用定额法进行预算编制，可以有效提高预算编制的效率。由于定额法是基于事先设定的标准进行计算的，因此可以快速而准确地确定人员经费的数额，避免逐一估算和核算，节约时间和精力。定额法在划定岗位标准和薪资福利待遇时通常考虑了相关因素，如职务层级、工作内容、工作量等。这样可以使人员经费的分配过程更加公正和一致，避免主观因素对预算编制和人员经费分配造成的不公平现象。

校级收支预算中的公用经费通常包括办公费、会议费、差旅费、培训费、科研实验费、图书资料费、文化活动费、安全与保卫费、信息化建设费等。在确定公用经费预算时，通常会结合学校的实际情况和需求进行评估和决策，如采用历史数据分析、需求调研与评估、制度规范和管理要求、绩效评估和资源优化等方法。科学、合理地进行校级可控公用支出的预算编制，提高财务管理水平，加强资源利用的有效性，推动学校整体发展。

（二）院级经常性收支预算的编制

院级预算的编制应由各二级单位的专门人员进行负责，以保证预算编制的专业性。按照事权与财权相统一的原则，院级预算收入为本层级可控的收入，院级预算包括二级单位范围内的教学、科研和对外服务经费及后勤经费安排等。各学院的科研经费等专项资金的收支，不应纳入院级预算。

对于院级公用经费的预算编制，各预算执行单位应当采用符合自身性质的管理方式，按不同的类别编制预算。教学类院系应按照学生人数和专业类别制定生均综合定额，确定院系的正常教学业务费；行政职能部门根据单位职能，应按照人均定额标准和基于业务的专项定额标准，确定政策办公经费；后勤经费应按照学生人数、房舍面积、保洁面积，结合历史成本数据，采取不同的计量标准进行确定。实行院级预算的编制能够积极调动各部门的参与度，提高资源配置效率，科学使用教育资源。

（三）专项经费预算的编制

专项经费是指学校用于教育事业发展和建设的附有限定性的资金，按照来源的不同，可以分为校内专项经费和财政专项经费。专项经费不能纳入校级和院级经常性的收支预算统筹编制，应当采用成本效益分析法进行专项经费项目预算的编制。各部门向学校申请专项经费，应当提供计划说明书、项目实施的必要性及可行性分析报告，并列明具体的支出明细和测算依据。预算管理办公室负责对提交的项目进行审核，通过的项目应纳入项目库，以备后期按照轻重缓急排序，合理安排高校资源。

六、预算执行和绩效控制

（一）建立事中绩效报告和跟踪监督机制

为了强化高校预算执行效果，开展事中绩效监督是必不可少的环节。针对金额较大的项目及重要的部门经费，应当重点监控，将其列为绩效监督的关键点。预算绩效管理办公室起到十分重要的作用，预算管理办公室、审计委员会及绩效评价委员会承担起不同的任务。预算管理办公室监督预算执行进度，控制各预算责任单位项目的执行情况，确保支出按照绩效目标进行；审计委员会检查实际支出是否符合预算，并进行监督；绩效评价委员会负责监督项目阶段性绩效目标的完成情况。对重点项目要逐项分析项目绩效目标的完成情况和工作推进情况，撰写绩效跟踪报告，及时发现预算执行中出现的偏差，保证项目按照计划实施。

（二）赋予管理者相应的自主权

将绩效理念引入预算执行和控制环节，是为了监督和控制资金的使用过程，提高资金的使用效率。通过赋予管理者一定的自主权，加强对产出和结果的控制，便于管理者根据实际情况的变化对预算进行调整，并对此承担相应的责任。这依赖于在预算执行过程中对绩效信息的及时收集和使用。应当建立相应的约束机制，如通过对执行项目的签字确认来约束预算执行主体的责任，督促其承担相应预算项目执行情况的责任。在预算执行过程中，学校有权对各预算执行负责人进行监督检查，发现偏差并及时纠正。

七、预算绩效评价

（一）评价内容

关键绩效指标是用于衡量高校运营的核心绩效表现的指标。它们通常是与高校战略目标紧密相关的指标，用于评估高校在教学、科研、社会服务等方面的表现。例如，招生录取率、毕业生就业率、师生比、科研项目获得率等都可以作为关键绩效指标。

业绩表现衡量指标是用于衡量高校在各个具体领域中绩效表现的指标。它们通常是定量的、可衡量的指标，用于评估高校在特定领域内的表现。例如，教学方面的业绩表现指标包括平均课程评分、师资培训覆盖率等；科研方面的业绩表现指标包括科研成果数量、论文发表情况等。

综合绩效指标是将多个关键绩效指标和业绩表现衡量指标综合考虑后得出的指标。它们通常是对高校整体绩效进行评估的指标，可以反映高校在多个方面的表现。综合绩效指标可以根据具体情况进行权重分配，将不同维度的指标综合计算得出。例如，可以通过加权平均的方式将关键绩效指标和业绩表现衡量指标结合起来，得出一个综合的绩效评估结果。

这些指标的作用是帮助评估高校的运营绩效，为高校管理者提供定量化的数据支持，可以用于制定战略规划、资源配置、改进高校管理等方面的决策。通过评估这些指标，高校可以了解自身的优势和不足，有针对性地进行改进，提高教育质量和综合实力。同时，这些指标也可以作为高校间比较的依据，用于绩效排名和评比。

（二）部门预算绩效评价指标的设计

在高校部门预算评价中，不同院系及单位先要了解高校部门预算评价的框架体系，包括评价目标、评价指标体系和权重分配等，理解整体评价体系的结构和要求。同时，因为每个院系或单位都有其独特的职能和任务，所以需要确定与其核心职责相关的关键绩效领域。根据关键绩效领域和参考资料，制定适合自身的衡量指标，这些指标应该能够客观、可量化地反映院系或单位的工作表现，可以从定量化数据、调查问卷、学生评价、教师评价等多个角度获取评价指标。在实际应用中，不断验证和修正指标的适用性和准确性，根据实际结果及时调整评价指标，确保其能够真实反映院系或单位的业绩表现。

高校在选择部门预算绩效评价指标时，应综合考虑目标相关性、可量化性、可测量性、效能性、实施可行性、长期影响力、综合性和平衡性、可比性等因素。评价指标应与部门的目标和战略方向相关，能够反映该部门实现其使命和愿景的关键要素，并与其核心职责和活动相匹配；评价指标应具备可量化和可测量的特性，即能够通过定量数据或具体的衡量标准来度量，使评价结果客观可靠，便于进行数据分析和比较；评价指标应能够衡量部门的效能和绩效，揭示部门在教学、科研、社会服务等方面的表现，反映其对师生、社会和整体高校目标的贡献；评价指标应具备长期影响力，能够持续地关注和衡量部门的表现和进展。这种持续性有助于识别出长期的趋势和问题，并促使部门进行改进和发展。

结合我国高校的实际情况，下面将部门预算绩效评价指标体系分为以下三个方面：教学绩效指标、科研绩效指标、财务绩效指标。如表 4-3-1 所示。

表 4-3-1　部门预算绩效评价指标体系

<table>
<tr><th colspan="3">指标</th><th>计算方法</th></tr>
<tr><td rowspan="3">教学绩效指标</td><td rowspan="3">投入指标</td><td>师生比</td><td>学生人数 / 教师人数</td></tr>
<tr><td>生均事业费</td><td>（教学支出＋业务辅助支出＋行政管理支出＋后勤支出＋学生事务支出＋其他支出＋离退休保障支出＋科研支出）/ 学生人数</td></tr>
<tr><td>生均设备费</td><td>（教学支出设备费＋业务辅助支出设备费＋行政管理支出设备费＋后勤支出设备费＋学生事务支出设备费＋其他支出设备费）/ 学生人数</td></tr>
</table>

（续表）

指标			计算方法
教学绩效指标	投入指标	教职工人均经费	学校总经费收入／教职工人数
		教学活动收入年增长率	（本年教育事业收入－年教育事业收入）／上年教育事业收入
教学绩效指标	产出指标	就业率	就业学生人数／本年毕业总人数
		学位获取率	获得学位学生人数／本年毕业总人数
		本科生考研率	考上研究生的本科毕业生人数／毕业生总人数
科研绩效指标	投入指标	师均科研经费	科研活动收入总额／（教学人员数量＋科研人员数量）
		科研活动收入年增长率	（本年科研活动收入总额－上年科研活动收入总额）／上年科研活动收入总额
	产出指标	师均科研成果获奖率	科研成果获奖总数／（教学人员数量＋科研人员数量）
		科研成果应用转化率	已经成功运用的科研成果数／科研成果总数
财务绩效指标	财务实力	固定资产增长率	（本年固定资产总额－上年固定资产总额）／上年固定资产总额
		资产负债率	负债总额／资产总额
		收入预算完成率	本年收入实际数／本年收入预算数
		支出预算完成率	本年支出实际数／本年支出预算数

（续表）

指标			计算方法
财务绩效指标	预算执行绩效	预算调整率	年度预算调整数／教师人数
		当年预算结转和结余率	当年结转和结余金额／当年收入预算总额
		财政专项经费完成率	当年财政专项经费支出总额／当年财政专项经费总额
	筹资能力	自筹经费收入占总收入比重	学校自筹经费收入／学校收入总额
		自筹经费年增长率	（本年学校自筹经费收入－上年学校自筹经费收入）／上年学校自筹经费收入

（三）专项经费预算绩效评价指标的设计

在专项经费预算绩效评价指标体系中，共性指标通常是适用于各类项目的普遍性指标，而个性指标则是根据具体项目的特征和目标进行调节和定制的指标。前者是对所有专项经费项目都具有普遍适用性的指标，可以覆盖多个项目领域，有助于实现项目之间的比较和整体评价，以提高项目管理的一致性和可比性；后者是根据具体项目的特点和目标进行调节和定制的指标，每个专项经费项目都有其独特的目标、需求和影响因素，因此需要针对性地制定相应的个性指标，可能涉及具体领域的技术指标、产出成果、项目影响力等方面，以确保评价指标能够准确反映该项目的特征和价值。

在根据具体项目特征进行指标调节时，应该考虑项目目标和重点、项目类型和领域、数据可获得性、利益相关者需求、借鉴最佳实践。根据项目的具体目标和重点，确定关键绩效领域和相关指标；根据项目的特征和所属领域，确定相关的个性指标；考虑实际数据收集和评估成本，调整指标的选择和测量方法，确保所选指标在项目范围内可以获得相关数据，并且以合理的方式进行量化和评估；了解项目的利益相关者及其需求，根据他们的关注点和利益诉求，制定相应的个性指标；借鉴国内外类似项目的最佳实践和成功案例，参考行业标准和相关指南，找到适合项目的具体指标和评价方法。

下面借鉴了多位学者的研究成果，具体指标设计包括：财务类指标、教学和科研指标、师资队伍建设与人才培养指标、效益指标和合理合规性指标。如表4-3-2所示。

表 4-3-2　专项经费预算绩效评价指标体系

总目标	一级指标	二级指标
高校专项经费绩效评价	财务类指标	专项经费到位率
		专项经费完成率
		专项经费总收入增长率
		各类专项经费支出占总支出比
		固定资产增长率
		专项经费结余率
高校专项经费绩效评价	教学和科研指标	教学与科研项目成果获奖率
		人均效益
	师资队伍建设与人才培养指标	高校毕业生就业率
		人才增长
	效益指标	受益人员率
		成果应用率
		高校资源共享率
	合理合规性指标	立项规范性
		资金使用合规性

（续表）

总目标	一级指标	二级指标
高校专项经费绩效评价	合理合规性指标	目标合规性
		管理制度健全性

八、评价结果的反馈与运用

预算绩效评价的目的是改善预算管理中存在的不足，提高预算管理水平，所以要重视对绩效评价结果的运用。对于结果与目标之间的差异，需要分析其中差异产生的原因及绩效低的问题，并作为参考对下一年度的预算编制提供建议。

高校需要转变之前以控制为主的管理方式，更多地进行激励和引导。建立起约束与激励机制是预算绩效管理顺利实施的关键所在，也是使预算绩效评价的结果产生作用的关键一环，可以从根本上避免预算管理流于形式的问题发生。

预算绩效水平的高低可以作为下一年度预算分配金额的参考依据。学校财务部可以根据预算绩效考核结果对下一年度的预算编制进行调整，绩效好的部门可以获得较多的资源，以使其产生更多的效益；绩效差的部门需要考虑进行整改，或者对其资源配置适度地减少，若是后果严重，还需要追究责任主体的责任，帮助其分析原因并进行改进。同时，还可以将绩效优秀的部门经验在高校大范围推广，为绩效低的部门提供改进建议，树立榜样，促进资源更为合理地进行配置，使资金流向效益高的部门。

第五章　当代高校财务绩效管理创新

财务绩效管理工作关系到整个财务管理工作的质量，关于当前工作效果的反思与未来工作内容的设计都要依仗于绩效管理工作的研究成果。所以，可以说高校财务绩效管理工作是高校财务管理工作进步的核心动力之一，同时也是本书的重要研究内容。

第一节　高校财务绩效管理概述

在教育经济学的研究进程中，需要各组织和制度按照内部的元素构成规律选取有效的研究着力点，在切入问题研究过程的同时坚持元素发展的主线，在保证体系结构未受到影响的前提条件下，重新构建一个新的发展体系，这个元素发展主线就是研究的起点。在研究高校内部管理制度的过程中，可以选择财务绩效的发展作为主线，借此对高校管理制度的创新进行剖析。

一、高校财务绩效管理的概念

绩效是组织为实现目标而设立的不同等级的有效资源输出值，是组织期望达到的既定目标。因此可将绩效分为个人绩效和组织绩效两种。在组织内部可以将绩效细分为财务绩效以及经营绩效。财务绩效是从财务活动的角度出发对财务资金投入和产出关系进行的具体分析，是财务活动目标实现情况的具象反映；经营绩效则体现了组织目标和目标达成情况，具有较强的综合性特征。

高校可被定义为一个多元化的组织集体，想要实现其发展目标，就需要从财务活动进行综合分析。高校的财务绩效具体是指执行高校财务活动的效率和结果，在高校的财务活动中资源的投入和实际产出是否能够达成正比。高校财务活动的成效需要从最终的结果进行分析，即高校财务资源在实现高校发展目标过程中发挥的功能与作用。

二、高校财务绩效管理的特征

（一）多元性

高校财务绩效受到多种因素的影响，不是单一因素就可以决定其绩效的最终结果，在主客观多重因素的影响下，也被其工作的特征所限制。在多种机制的协同作用下，个体工作者的工作动机和价值观念也是决定绩效最终结果的因素。

（二）模糊性

高校财务绩效不同于企业绩效，可以进行精准的评估，教育是一项长期性的活动，具有多样化的功能，例如：社会功能、政治功能、文化功能、经济功能等。所以，高校财务绩效不能及时收到反馈，具有一定的模糊性。

（三）多维性

高校财务绩效需要从多个维度进行综合分析，单一的绩效评价不能充分发挥绩效的功能性作用。例如，在对院系的绩效进行科学评价时，不仅需要对学生的培养情况进行分析，还需要从学生社会实践、科学研究等硬性标准角度出发得出科学的绩效评价结论。

（四）动态性

高校财务绩效极具动态性，在其模糊性的影响下部门及个人的绩效会产生变化，略差的绩效经过时间的沉淀可能会得以好转，较好的绩效伴随时间的推移会存有变差的概率。所以在高效绩效评价的过程中需要结合绩效的动态性，用发展的眼光去看待对组织或个人的绩效成果。

三、高校财务绩效的功能

高校财务绩效的有效提高需要从制度管理和成本管控两个方面进行融合探究，在建立有效制度体系的基础上优化内部的制度安排以及制度结构，通过机制的约束力规范行为准则，从而达到均衡教育过程中各主体发展需求的根本目的。同时限制组织内部个体的独立倾向，充分激发资金的应用效益。资金的实际应用效益需要通过合理的激励制度激发组织内个体的工作积极性，在确保正常教学秩序的情况下通过科学手段减少各项资源的不必要消耗。将高校财务绩效视为研究起点的主要原因如下：

高校需要在一定经费的支持下才能保持稳定运转。财力资源决定了高校内部人力资源、物力资源等其他资源的增值和消耗比例，是资金投入效果的具象表现，同时也是决定高校教育质量的根本因素。财力资源的合理配置为实现高校教育目标提供了坚实的物质基础，是影响教育产出的重要因素。

财务绩效为提高高校核心竞争力创设了良好的环境。影响高校教学口碑的不仅是其所掌握的教育资源，人们更多将目光投向于资源使用带来的最终绩效成绩。决定高校是否能够持有良性的竞争优势，其决定性因素在于是否能够充分发挥人力资源和物力资源的优势，而财力资源是其坚实基础。

财力资源是否得以合理分配成为决定高校发展的核心问题。在分析这一问题的过程中需要对人们的实际需求进行调研，只有在深入剖析人们需求情况的基础上，才能制定更为稳妥的问题解决方案，从而将财力等资源进行科学配置。因此，高校教育管理需要聚焦于财力资源的分配，在以绩效质量的发展为管控中心的前提下，提高各级相关人员的财务管理水平，充分发挥财力资源的应用效益，为高等教育事业的发展创设坚实的物质条件。

四、高校财务绩效评价概述

绩效是不同组织及个人在目标实现过程中展现的价值输出和客观存在的度量值，具有多元性、模糊性、多维性、动态性等特征。绩效的呈现形式主要从具体的行为、能力等层面得以展现，想要真正实现高校财务的科学性、综合性评价，需要具体对比财务资源的投入和产出结果。以客观的视角对教育经费投入所带来的效益进行多角度分析，在综合高校教育资源使用情况的前期条件下，公正地评价高校教育管理的现状。

（一）财务绩效评价的内容

科学的绩效评价是评判组织内部既定目标是否得以实现的手段，同时也对目标实现路径中的行为科学性进行了鉴定，是一种综合性的评价方式。在运用综合性评价手段的过程中需要在前期先行设定评价指标以及评价目的，例如，在对高校财务绩效进行评价的过程中，需要明确教育经费分配的方式是否符合高校的发展方向和需求，以及在高校资源运转的过程中是否充分发挥资源的使用效能。

财务资源应用过程中的效率、效益、效果都是高校财务绩效评价过程中需要涉及的主要内容，财务资源应用的效率主要是指高校获取教育经费的能力。是学校各项事业得以发展的基础，例如：收取的学费、教育科研经费、政府拨款、社会实践所得、社会捐赠等；财务资源应用的效益是在获取教育经费的基础上，对投入和产出结果进行的对比研究；财务应用效果评价主要是对高校教育经费产出收益和汲取能力的探析，即对高校教育职能完成度的评价。

（二）财务绩效评价的作用

绩效评价也可视为一种推动管理决策和人力资源开发的推动力，具有强大的资源反馈、激励和开发功能，是推动高校各类资源可持续发展这一根本目的的有效手段。绩效评价在高等教育实践过程中的功能性主要有以下三个方面。

1. 激励性功能

绩效评价结果为判断管理工作过程中应用的激励手段是否贴合实际需要提供了实证，根据绩效情况给予组织或个人物质奖励或精神奖励，从而充分调动其工作积极性，提高各项工作目标实现的效率。

2. 动态监控功能

绩效评价可以根据实际需要按照工作开展阶段进行详细划分，如季度性评价、半年度评价等。通过对各项工作的动态发展监控，为后续的工作绩效和目标确立提供参考性意见。阶段性的绩效评价可在工作执行的过程中及时发现问题并提出相应的问题解决办法，因此绩效评价成为工作过程中获取信息资源的重要途径。

3. 资源配置优化功能

在对资源进行灵活配置的过程中，可通过绩效评价的手段评估资源分配的合理性。例如，工作实践过程中资源分配的合理性、科学性，资金使用的合法性、经济性，工作实践资源的质量和应用效率等。在对工作进行监督管理的过程中可以确定后续的工作方向以及资源扶持力度，合理分配稀缺资源是保障工作环节能够得以有效连接的重要举措，既能够避免工作实践的盲目性，又能够以科学的手段实现既定目标。

第二节　高校财务绩效评价体系的构建

一、高校财务绩效评价的系统设计原则

（一）“3E”原则

财政资金资源在实际分配的过程中，常会出现为追求经济效益而忽略工作目

标或资金资源利用率的情况，致使公共财政资金资源的浪费。部分发达国家在20世纪80年代根据实践现状逐渐探索出一套完整的“3E”原则，“3E”原则即效果性原则（Effectiveness）、经济性原则（Economy）、效率性原则（Efficiency）。“3E”原则普遍被认为是公正、客观的绩效评价基本原则。效果性原则主要用来衡量资源投入和资源产出之间的关系；经济性原则具体分析资源投入的节约性；效率性原则是衡量既定目标是否得以实现的标准。“3E”原则中的三类元素需要以整体、全面的应用角度进行综合分析，不能以片面、单一的角度对其中某一原则进行分析，需要在评价的过程中按照全局的发展态势综合考评。

（二）系统性原则

在高校财务绩效评价过程中遵循的系统性原则呈现出动态综合性的特点，根据众多科学研究结果可以发现，绩效实则为各项活动的执行结果。绩效主要涵盖两个方面，一方面是资源投入的有效性，另一方面是活动投入各项资源与产出结果的对比关系。高校的发展与其他组织存在一定的相似性，在组织的各个成长阶段需要制定与之对应的发展目标，例如：创建阶段、发展阶段、成熟阶段。因此，高校的财务绩效评价标准体系应跟随不同阶段的发展需求进行调整，力求发挥出最优的资源应用效能。需要注意的是，高校处于社会经济发展的大背景中，各元素的需求在经济社会的发展变化中呈现出动态演变的趋势，绩效评价需要协调内部各元素的客观利益发展需求。

“3E”原则与系统性原则在实际应用的过程中相互影响，并产生了行为效率和结果效益。行为效率的评价标准主要分为两个方面：一是财务资源投入是否能够带来经济效益，二是财务资源投入形式是否科学且符合组织内部元素的发展需求。结果效益的评价标准从三个角度进行综合分析：结果效益是否贴合初始的预设目标，结果效益是否与财务资源投入值呈现正比例关系，结果效益对高校当前发展是否具有一定功能性作用。在搭建财务绩效评价体系的过程中，首先在“3E”原则与系统性原则糅合的基础上形成初步框架，其次将框架内的各项元素进行类别细分，最后根据元素之间的联系性形成多组、多层次的绩效评价体系。

高校财务绩效评价体系构建过程中，需要遵照指标体系中重要元素的发展路径，尤其是针对财务资源的评价。在寻求高校财务绩效科学、合理的评价手段时，需要综合考虑与财务绩效相关的各元素发展指标，并囊括各关键要素的绩效标准。

当前，财务绩效评价体系在构建的过程中常忽略非财务元素带来的影响，更多的侧重财务因素，无视外在经济社会环境给高校发展带来的挑战与机遇。高校想要提高自身的综合竞争实力，获取更多的发展资源就不能脱离社会环境这一客观因素。没有经历过外部环境的竞争与挑战，就无法知晓自身的发展优势和阻碍自身发展的障碍。所以，高校在执行财务绩效评价的过程中，需要着重关注以下几种因素：高校名誉、报考人数、高校学术水平发展进程、办学效率及教育管理水平。在综合以上客观因素的基础上架构科学的评价体系。财务绩效评价以及非财务指标的融合能够有效规避高校发展路径中的显性问题。

（三）可操作性原则

财务指标的选取需要考虑涉及指标评价的数据是否能够通过科学的手段获取，数据采集过程中可能耗费的资金成本以及数据是否能够达到精准、规范的评价标准。绩效评价指标体系的构建应满足实际操作需求，步骤既不能过于烦琐，也不能过于简化，计算方法需简繁适中。财务评价体系中定量和变量的有机结合能够反映出高校真实的财务绩效，二者缺一不可。在上述财务绩效评价元素的协同作用下，可极大提高绩效评价指标的可操作性。

二、绩效评价指标体系的分类

高校绩效的评定指标需要依照人们惯用的绩效运行标准不断深化发展，当前常见的绩效指标主要有以下三类。

一是根据 20 世纪中叶英国贾勒特报告所延伸出的完整绩效指标体系。其绩效指标体系核心在于内部指标、外部指标和运行指标。内部指标代表高校的实际发展方向以及自身的发展优势；外部指标则是高校所处的经济社会环境对学科发展的要求；运行指标具体指影响高校“生产率”的元素，例如：教职工的工作量、公共学习资源利用率、高校环境维护成本等。

二是根据 1986 年英国大学拨款委员会、英国副院长、校长协会联合发布的绩效指标分类可知，绩效指标体系主要包含投入指标、过程指标、产出指标三种。投入指标特指高校在践行教育管理活动过程中投入的各类资源，如人力、物力、财力；过程指标特指教育管理活动中组织或个人对各类资源的应用效能；产出指标则是对各类教育工作结果的成绩评定。此种绩效指标分类可以较为全面地涵盖高校发展过程中的各个环节，并为高校发展进程提供实时的问题解决方案。

三是依据卡伦 (Cullen) 的观点，将管理的相关概念通过相关的变量进行反映，将指标的设定分为效率指标、效益指标以及经济指标。高校的发展路径中受到多种元素的影响，除了可控的投入指标、过程指标、产出指标等，还存在不可控的社会背景变量，例如：高校设备捐赠活动、考生报考数量、高校所处的社会环境等，对变量的融合分析是考察高校绩效的重要标准之一。效率指标着眼于投入与产出的比较分析，是对资源利用的评估方式，普遍追求低成本高回报；效益指标则是对既定目标实现情况的综合考量，对教育工作的有效性以及完成情况进行衡量；经济指标则是对比预设资源投入量和实际资源投入量，避免资源过度使用的情况出现。

“3E”原则在高校发展过程中的多个方面得以显现，从高校前期的办学投入、过程以及产出三个阶段进行融合分析可知，投入和产出两者之间的联系性较强，而过程这一环节更多与教育管理效率相关。在高校实际的发展路径中，教育管理效率更多是从教师、学生受到的人均教育成本进行评估，而非单一地关注办学收益。

高校绩效指标可以分为不同的类型，在运用具体的高校财务绩效评价实际时，应注意因地制宜，要分清高校的类型，根据评价的侧重点选取不同的指标类型。没有任何一种类型的指标是适合所有学校的，最重要的还是要合理选取指标体系。指标分类只是将所有指标进行划分，接下来重要的部分是如何选取合理的财务指标。

绩效评价所遵照的原则具有“科学公正、统筹兼顾、激励约束、公开透明”的特点，可分为单位自评、部门评价、财政评价三个方向，各方向在财政评价的过程中各有其侧重点，但又都能够保证一定程度的衔接性。单位自评主要由支出资源的项目执行单位承担评价职责，保障资源的应用效率和应用职责；部门评价建立在单位自评基础上，可自行掌控评价的实效性以及阶段性，评价过程中需要兼顾全局，同时突出评价主体，部门评价需要选择周期性较长的项目进行跟踪，以多维度的视角覆盖项目的评价过程；财政评价则重点关注党中央、国务院部署的项目，并对其进行周期性的组织和绩效评价，以贯彻落实国家决策的重大方针政策。

《项目支出绩效评价管理办法》（以下简称“《办法》”）在综合考虑单位自评、部门评价、财政评价所涉及的评价标准存在较大差异的情况后，设定了更具针对性的评价指标，主要内容有投入、产出、效率等。在确定评价方式和评价原则的基础上，对需要特别关注的绩效目标进行全面的分析和说明，并根据执行评价决策过程中出现的问题制定相应的措施。例如，因为设定的初始指标偏低而产生的问题，需要在合适的时机适度减少给予的分值。部门绩效评价标准主要对初始计划设定、行业标准执行程度、历史最高标准或最低标准等进行评价分析，在可承受的范围内适当提高评价标准。财政评价中的重要内容涉及以下几个方面：项目资金管理、产入和产出效益评价、项目决策方式等。各部门的绩效评价方法主要有公众评价法、绩效元素分析法、项目决策办法等。

除了上述《办法》给绩效管理带来的影响外，还可以从以下角度进行分析。

《办法》明确规定了单位自评的标准和指标，并且对最终的评价结果划分了详细的等级，力求为同一体制下制度绩效评价设定规范化的评价标准，统一一级指标权重。在根据《办法》的绩效评价管理方式选择最具代表性的核心指标时，主要把投入、产出所达到的效益指标不低于 60% 作为根本原则和方向。在充分考量《办法》中绩效评价工作方式的过程时，需要根据自身实际情况完善绩效评价指标体系的框架，用以提高绩效评价工作的可操作性和工作质量。需要注意的是，在保证《办法》应用的科学化、独立化、客观化的同时，可以邀请相关专业的行业专家协同监管，避免“高投入，低回报”的状况出现，在第三方行业专家的共同监管下，给予第三方监管者相应的绩效评价职权。这种将项目实施者与监管职责相分离的绩效评价办法，是科学化绩效评价方法的关键环节之一。

《办法》帮助项目各级负责人对绩效评价结果产生认同感。第一，《办法》在将汇集的绩效评价结果进行上报研究的过程中，需要相关的部门或单位根据绩效评价的结果再次制定整改评价方案。第二，落实评价结果责任制度。依据《办法》内制度管理方式得到的绩效评价结果，追溯到问题产生的源头，通过调整政策、分配资源、改进管理办法等手段与相关管理人员的管理职责完成情况进行挂钩，对表现优异的部门单位给予嘉奖，管理结果差强人意的部门单位则需受到相应的处罚。依照《办法》的管理条例，资源效益的实际应用情况是部门评定优、良等级的标准。想要提高各级负责人对绩效评定的认同感，需要及时公示评价结果，自觉接受广大人民群众的监督。

《办法》明确了责任追究制度，在前期投入大量资源未见成效，造成项目重大损失等严重问题后，需要项目相关负责人按照《办法》中的相关规定追责。财政部门和预算部门在项目执行的过程中如若发生徇私舞弊的现象同样要依法追究其责任，有甚者涉嫌违法犯罪的，需要移送司法机关处理。

绩效评价指标体系框架如表 5−2−1 所示。

表 5-2-1　绩效评价指标体系框架

一级指标	二级指标	三级指标	指标解释
管理	项目立项	立项依据充分性	项目立项是否符合法律法规、相关政策、发展规划以及部门职责，用以反映和考核项目立项依据情况
		立项程序规范性	项目申请、设立过程是否符合相关要求，用以反映和考核项目立项的规范情况
	绩效目标	绩效目标合理性	项目所设定的绩效目标是否依据充分，是否符合客观实际，用以反映和考核项目绩效目标与项目实施的相符情况
		绩效指标明确性	依据绩效目标设定的绩效指标是否清晰、细化、可衡量等，用以反映和考核项目绩效目标的明细化情况
	资金投入	预算编制科学性	项目预算编制是否经过科学论证、有明确标准，资金额度与年度目标是否相适应，用以反映和考核项目预算编制的科学性、合理性情况
		资金分配合理性	项目预算资金分配是否有测算依据，与补助单位或地方实际是否相适应，用以反映和考核项目预算资金分配的科学性、合理性情况
过程	资金管理	资金到位率	实际到位资金与预算资金的比率，用以反映和考核资金落实情况对项目实施的总体保障程度
		预算执行率	项目预算资金是否按照计划执行，用以反映或考核项目预算执行情况
		资金使用合规性	项目资金使用是否符合相关的财务管理制度规定，用以反映和考核项目资金的规范运行情况
	组织实施	管理制度健全性	项目实施单位的财务和业务管理制度是否健全，用以反映和考核财务和业务管理制度对项目顺利实施的保障情况
		制度执行有效性	项目实施是否符合相关管理规定，用以反映和考核相关管理制度的有效执行情况

（续表）

一级指标	二级指标	三级指标	指标解释
产出	产出数量	实际完成率	项目实施的实际产出数与计划产出数的比率，用以反映和考核项目产出数量目标的实现程度
	产出质量	质量达标率	项目完成的质量达标产出数与实际产出数的比率，用以反映和考核项目产出质量目标的实现程度
	产出时效	完成及时性	项目实际完成时间与计划完成时间的比较，用以反映和考核项目产出时效目标的实现程度
	产出成本	成本节约率	完成项目计划工作目标的实际节约成本与计划成本的比率用以反映和考核项目的成本节约程度
效益	项目效益	实施效益	项目实施所产生的效益
		满意度	社会公众或服务对象对项目实施效果的满意程度

三、影响高校财务绩效管理的因素

在判断高校财务管理水平的过程中，财务绩效评价方法可确保评价的综合性与全面性。高校财务管理水平受到以下四大因素的影响。

（一）负债过高，缺乏相应的风险意识

在我国，高校教职工各项需求如教学质量以及工资待遇等，并不能从高校自身所投入的教育经费和准公共产品性质中得到有效满足。

高校在遇到财务资源不足的问题时普遍采取银行借贷或政府债券的手段缓解矛盾，但是高校往往因为自身财务管理水平较低，在负债的过程中没有形成较强的风险意识，不懂得开源节流，导致自身经济实力无法偿还贷款，从而对自身发展造成严重阻碍。

（二）自筹能力差，过度依赖国家和地方的财政拨款

国家的财政拨款成为高校获取教育经费的源头，虽然高校逐步增强了自筹教育经费的意识，但自筹的积极性不高，获得的财务资源收益也不容乐观。在一些西方国家的高校获取教育资金的众多方法中，社会捐赠是最为常见的途径之一，

特别是在私立高校中，社会捐赠是学校教育经费的主要来源。部分高校对于社会捐赠资金的管理专门成立了教育基金会，但其他高校由于缺乏自筹思想，未能将教育基金会的构建全面贯彻落实，导致社会缺乏良好的捐助环境，不但不利于社会资源的获取，还对高校自身发展产生了巨大的阻碍。

（三）对资金的配置不够合理

高校并未明确自身的办学方向和教育定位，在财务管理的过程中没有针对性地进行科学规划，从前期的预算管理到后期的会计核算都存在一定的管理漏洞，其财务管理制度并不能满足高校与时俱进的财务规划需求。高校的财务资源分配常被各级领导和部门的主观臆断所影响，未形成科学的财务分配体系。各级领导和单位考虑更多的是部门的利益，并未以全局发展的眼光科学提高资金的利用率，致使资金的应用出现资源浪费的现象。

（四）高等学校的内部控制机制不完善

企业在发展的过程中会根据自身的发展进程设立董事会、监事会或审计委员会等机构辅助自身的成长，以便于在管理的过程中及时发现问题并提出针对性的问题解决方案。高校在实际的管理过程中并非完全借鉴企业的良性运作方式，虽设置了审计这一管理部门，但独立性不够，更有甚者将审计部门归于财务部门。高校此种财务管理运作方式极大削弱了审计部门的监督职能，在发现财务管理的问题时，不能及时、科学地针对问题反馈并要求其调整财务管理方案。部分高校虽然在财务管理的过程中独立开了设审计部门，但其部门人员配置（包括年龄结构、专业机构等多方面）都达不到实际工作的要求，限制了高校内部审计工作的有效开展。高校普遍实行分级管理制度，由于学院和系之间的协同关系，影响了信息之间的流通效率和问题解决的方向。

第三节　高校绩效管理制度创新

一、高校财务绩效管理制度创新的原则

（一）提高教育管理绩效原则

高校需要重视在教育管理的过程中遵循绩效原则的工作方法，将办学效益的

提升作为促进自身发展的标准。高校教育管理制度是约束高校发展方向和规范教育活动开展的根本性制度，高校教育管理制度同样能够为高校的发展带来一定的绩效。在执行高校教育管理制度过程中获得的绩效可细分为外部绩效和内部绩效，外部绩效主要是指在高校管理活动中的资源产出，例如：高校的就业率、专业学科研究情况、社会服务参与度等；内部绩效主要是指高校的教育管理成本、高校学科实践工作的规划成本、高校教育管理活动的科学性和协调性。高校教育管理制度的外部绩效是内部绩效的体现，高校教育管理制度的内部绩效是外部绩效的前提和基础。

（二）激发潜在活力的原则

激发高校的潜在活力就是提高高校自身的发展能力，是对高校在发展过程中高度自觉意识的考验。高校活力是贯彻教育使命和实现教育方针政策以及坚定高校本身所具有的责任意识的动力源泉。高校活力能够帮助学生提早适应社会发展的环境，同时满足学生自我发展的需要，高校作为一种组织团体，其发展活力主要表现在以下三个方面。

1. 高校理念

高校的稳定发展离不开科学、合乎情理的办学理念。能够始终践行办学理念的高校，其内在活力呈现出正向积极的一面；然而当高校在办学的过程中逐渐失去理念的支撑时就会丧失内在活力。

2. 高校内部组织的协调关系

高校常见的内部组织协调关系主要有行政与学科研究、院与系、教师与学生等。想要激发高校内部的活力潜能，就需要协调好构成高校内部关系的各大元素。当各元素都能够为实现高校的发展目标共同奋斗时，高校的潜在活力才得以充分激发。

3. 高校与所处社会环境的关系

高校与所处社会环境的关系主要有高校与当地政府、高校与市场环境、高校与当地企业等。高校与外部环境的关系处理是展现其办学原则的根本途径，也是激发其活力的基础。高校教育管理制度主要通过激励的手段实现自身环境的创新发展，是帮助其内部各系统迸发活力的重要因素之一。环境因素是帮助高校实现人才培育、专业学科研究、社会服务等实践课题的舞台，不仅顺应了时代发展的潮流，更是高校促进自身可持续发展的有效手段。

（三）优化资源配置的原则

合理的资源配置可有效规避教育服务过程中出现的原则性问题，如教育资源的产出、高校办学效益、高校管理计划的落实等。高校的教育资源分配主要分为以下两个方面：一是从微观角度进行分析，高校内部的资源合理分配是对教育管理科学战略的落实，通过高效的教育管理举措，实现资源的利用效率由低收益向高收益转变；二是从宏观角度进行分析，国家通过严谨的运行机制，详细划分了不同区域的教育资源分配数量，从而有效杜绝了教育资源的浪费。

二、数据包络分析法在高校财务绩效管理中的应用

（一）实现校际的稀缺资源合理配置

在高等教育资源配置的过程中，宏观层次的配置和微观层次的配置是两个不同的概念。宏观层次的配置是指在整个国家或地区范围内对高等教育资源进行分配和安排的过程。它涉及政府、教育部门以及相关机构对高等教育的总体规划、政策制定、经费分配等方面的决策。在宏观层次上，需要考虑的因素包括国家的教育发展目标、人才需求、地区间的均衡发展、社会公平等。宏观层次的配置决策通常会涉及高校总量的控制、学科专业设置的规划、教育经费的分配等重要问题。微观层次的配置是指在单个高等教育机构内部对资源进行合理分配和利用的过程。它主要关注的是高等学校自身内部的资源调配和管理过程。在微观层次上，高校需要考虑的因素包括学校的战略定位、学科专业的发展优势、师资队伍的配置、教学设施的投入等。微观层次的配置决策涉及具体的课程设置、教师分配、学生招生和管理、科研项目的支持等重要问题。

（二）实现教育资源的提供主体多元化

高等教育的本质是满足社会和个体的需求，具有明显的社会属性。不同社会群体和个体对高等教育的需求各不相同，包括专业需求、学历需求、职业需求等。随着社会的变革和发展，对高等教育的需求也呈现多元化趋势。为满足这些不同的需求，教育资源提供主体需要根据市场需求和社会发展动态来调整资源配置，提供多样化的高等教育产品。

高等教育资源提供主体不仅包括传统的公立高校，还有私立高校、职业院校、在线教育机构等多种供应形式。由于高等教育的广泛需求和市场化趋势，不同类型的教育机构以及其他社会组织都可以成为教育资源提供主体。这种多元化的供给主体可以更好地满足不同层次、不同领域的人群需求，提供多样化的高等教育产品。

高等教育市场的竞争性使得各个提供主体都需要提供具有竞争力的教育产品，以吸引学生和满足社会需求。这种竞争推动了教育资源提供主体进行不断改进和创新，从而提高教育质量和效益。同时，教育资源提供主体的多元化也有助于提高教育资源配置的灵活性和效率，进一步提高社会的整体教育效益。因此，高等教育产品的社会性要求教育资源提供主体充分认识到社会需求的多样性，并积极适应、满足这种多样性需求。这就促使教育资源提供主体需采取多元化的供给形式，创造多样化的高等教育产品，以满足社会多层次、多领域的教育需求。

（三）提高高校的办学效益

高校作为教育机构，其财务管理的核心目标之一是合理配置有限的资源，以实现最大化的效益。通过科学的财务管理，高校可以将有限的经费、人力、教学设施等资源用于教学和科研活动，提供高质量的教育服务，进而产生更好的社会效益。高校作为一种经济组织，需要通过有效的财务管理来追求经济效益。高校需要保持财务平衡，确保收入能够覆盖支出，并且实现合理的利润率。经济效益的提升可以为高校提供更多的财力支持，促进教育质量的提高和发展的可持续性。通过合理的资源配置和经费使用，高校可以提供更好的师资队伍、教学设施和教学资源，从而提升教学质量，满足学生和社会的需求。同时，良好的财务管理也有助于高校自身的可持续发展，为长期的教育质量保障提供支持。

（四）加大国家对高校的审计和管理力度

随着国家对高等教育的投入逐年加大，我国高校办学经费一直是稳步增长的。我们可以根据客观的财务数据，设立科学的财务评价指标，选取有代表性的高校，依托财务信息系统进行实时的跟踪和分析，及时、客观地反映高校的运作情况，进而及时发现问题和解决问题，切实提高高校的财务管理水平和高校的办学效益。

用数据包络分析法（DEA）评价高校财务绩效有多方面的优势。高校作为一个复杂的组织系统，由多个输入指标和输出指标组成，如教师人数、学生数量、研究经费、科研成果、就业率等。传统的单一指标评价方法往往难以全面反映高校的实际情况。而 DEA 可以同时考虑多个指标，将高校看作一个整体，对其综合效益进行评估，更好地应对高校系统的复杂性。DEA 是一种基于相对效率评估的方法，它通过比较各个高校之间的效率水平，评估它们在相同输入条件下能够获得的最大产出。相对效率评估相对于绝对效率评估更具有实际意义，因为在高校系统中，资源配置和效率水平的优劣往往是相对的。DEA 可以找出那些在相同资源约束下能够实现更高效率的高校，从而为高校提供参考和借鉴。

高校还承担着一定的社会公益责任，如人才培养、科学研究、社会服务等。传统的财务评价方法难以全面衡量高校的社会公益性。而DEA可以将高校的社会公益性考虑在内，通过引入适当的社会产出指标，综合评估高校的绩效，更好地反映高校的整体价值。

总之，DEA作为一种多指标综合评价方法，在评价高校财务绩效时具有明显的优势。它能够结合高校系统的复杂性，通过相对效率评估找出高效率的高校，同时考量高校的社会公益性。这使得DEA在高校财务管理中具有指导意义，可以为高校提供科学依据和决策支持，促进高校的可持续发展和社会责任履行。

三、基于云计算的高校财务绩效管理模式

（一）云计算对高校财务绩效管理的影响

1. 促进了高校财务绩效管理的标准化

目前许多高校均建立了校园局域网，同时引进了各种部门管理系统，如教务处的教学管理系统、人事处的人事信息管理系统、资产处的固定资产管理系统。它们各自独立，没有统一的数据标准，信息无法沟通交换，从而造成管理信息不对称，无法共享数据的结果。信息孤岛般的存在使得高校财务信息化建设遇到重重障碍，高校财务绩效管理也无法准确衡量。在高校云计算中，不同部门的业务系统可以共用一个大的资源池，资源池容量可适时调整，还可以对资源进行实时的合理分配，提高资源利用率，实现绿色计算。因此，云计算可以通过高校财务信息门户系统集成整合，挖掘获取潜在的有用数据。由于信息使用的部门及人员是动态变化的，所以这一切都可通过“云”实现，对标准化的数据进行统一灵活运用，既降低了管理部门协同的复杂度，又加快了财务绩效数据的标准化进程。

2. 降低了高校财务绩效管理的成本

虽然大部分高校都进行了财务信息化的改革，摒弃了手工会计；但从会计电算化发展到今天，各高校都是通过局域网配备服务器、交换机、工作站等设施，自行开发高校财务软件或选择外购专业财务软件进行财务管理，使得维护运行、更新改造费用增加，大大增加了财务信息化管理的成本。如应用云计算技术，云计算运营商将提供几十万台的服务器，为云计算提供强大的支撑平台，足以适应高校的业务量增长和工作需要，同时可以减轻高校经济负担、降低经济风险。高校通过软件即服务（SaaS）模式或平台即服务（PaaS）模式租用其平台或云，可减

少重复购置成本，缩减开发运行周期，减少运维费用，节约人力成本和管理成本，降低高校财务绩效管理的资金成本和时间成本。

3. 加速了高校财务绩效动态管理模式的建设

目前许多高校财务绩效核算数据主要源于财务管理系统，而财务核算信息要比业务信息滞后，导致高校财务绩效评价没有及时客观地体现其财务现状与经济效益，因此无法准确地反映高校财务管理水平，更不能为高校发展提供快速而有效的决策支持方案。而云计算与财务管理信息化的结合，可以把数据传感体系、智能识别体系等新技术融入财务平台，使电子发票、增值税发票、合同等实现原始的单据无纸化处理，使会计档案电子化存储，教学设备、资产使用状况、校企产业收益等信息流均可以同时获取，并能够从云端动态计算评价高校财务绩效水平，实现不同绩效周期的评价、监督，进行动态有效的资源配置，满足了高校财务管理的需求，推动了高校财务绩效动态管理模式的建设。

（二）基于云计算的高校财务绩效动态管理模式建设

基于云计算构建高校绩效管理体系的核心是将高校财务绩效与其战略目标紧密联系，设计适合高校的综合财务绩效管理框架。结合高校特色的财务指标信息和非财务指标信息，构建完整、规范的高校财务绩效管理指标体系，利用云计算技术建立一种新型的高校财务绩效动态管理模式。

1. 高校财务绩效管理框架设计

高校财务绩效管理框架是由与高校财务绩效管理相关的要素构成的结构化数据与非结构化数据相辅相成的有机整体，为了更好地开展财务绩效管理工作，提供更优的绩效管理，其意义在于通过相关财务绩效指标评价监测节约教学投入成本，提高高校资源利用率，实现高校战略目标。而设计最优的高校财务绩效管理框架是财务绩效管理体系建设的首要工作，是改进财务支持决策、提高高校资源配置服务社会水平的重要一步。因此，围绕高校财务管理的工作职能和任务，根据预算、资金运营、资源优化配置、综合实力、短期效益及高校远期发展等的情况，高校须以战略为导向从预算绩效、资源配置、综合绩效、发展潜力四个维度评价财务绩效，设计高校财务绩效管理框架，从而指导下一步高校财务绩效管理指标的体系建设。

2. 构建高校财务绩效管理指标体系

在设计完高校财务绩效管理的框架后，高校必须根据框架的预算绩效、资源配置、综合绩效、发展潜力四个维度分解绩效管理的目标和建立合理有效的具体指标，并且建立一套相对完整、规范的高校绩效管理制度和指标计算方法，明确指出绩效管理的对象、内容、分值和权重，从而正确计算出财务绩效管理的结果。在构建财务绩效管理体系时，高校要遵循层次性和整体性、长期目标与短期效益相结合、定性指标与定量指标相辅相成、可比性与操作性相协调的原则，使得指标客观、公正、科学、系统地反映其财务管理现状，满足财务资源有效配置的要求。高校实行的财务绩效管理主要是考核教育资源的使用是否具备科学性和规范性、资金的投入和产出比例是否合理、能否达到预期效果、是否符合高校的发展。所以，建立一套严谨的高校财务绩效管理体系不仅可以提高教育经费的使用效率、优化教育资源的合理配置、形成一种以绩效为核心的观念，还有利于形成更科学的预算方案，使资金的分配和使用都能得到有效控制，进一步降低成本。

3. 基于云计算的高校财务绩效动态管理流程

大数据时代，高校财务管理信息化以会计管理信息系统为基础、云计算管理为核心，将计算任务分布在大量由计算机构成的资源池上，使各种应用系统能按需获取计算力、信息决策资源。基于云计算的高校财务绩效动态评价管理流程设计如下：绩效管理目标制定→业务数据流采集与加工→应用数据指标评价与分析→动态绩效预警与监督。

绩效管理目标制定是指在管理层确定财务绩效管理的具体目标和指标体系。通过设定明确的目标，可以引导高校财务管理团队在制定策略、执行决策以及评估绩效时有一个明确的方向。绩效管理目标制定与云计算管理模式相结合可以实现更加智能和高效的绩效管理。云计算提供了强大的数据存储、处理和分析能力，支持数据驱动的目标制定和实时跟踪，促进信息共享和协同工作。这将有助于提升绩效管理的科学性、准确性和实效性。

业务数据流采集与加工是指通过云计算技术收集和整理高校财务管理过程中产生的大量业务数据。采集的数据可以包括财务报表、预算指标、支出和收入数据等。这些数据经过加工和整理后，可以为后续的数据分析和绩效评价提供基础。云计算的 SaaS 模式和 PaaS 模式具有弹性伸缩的特点。当高校业务数据流量增加时，可以根据需要快速扩展云平台的资源，确保数据采集与加工的高效运行。同时，云计算平台具有灵活性，高校可以根据自身需求选择适合的 SaaS 应用或 PaaS 平台，按需订阅和使用相关服务。SaaS 模式和 PaaS 模式下的云计算平台通常具备较高的数据安全性和可靠性。数据在传输和存储过程中有多层次的安全保护机制，如数据加密、身份认证等。同时，云平台也会定期备份数据，保证数据的可靠性和恢复能力。因此，高校可以放心地将敏感的业务数据交由云计算平台进行采集和加工。

应用数据指标评价与分析是基于采集的财务数据，运用绩效评价模型和方法对财务绩效进行定量和定性的评价和分析。通过对数据指标的评价，可以揭示财务绩效的优势和不足之处，并提供决策支持。评价和分析的结果可以用于改进财务管理的策略和流程，以提高高校的财务绩效。

动态绩效预警与监督是指通过对数据指标的监控和分析，及时发现潜在的问题和风险，并进行预警和监督。当财务绩效偏离预期或存在风险时，可以采取相应的措施进行调整和干预，避免可能出现的财务损失。动态绩效预警与监督有助于及时发现并解决财务管理中的问题，确保高校财务管理的稳定和可持续发展。

第六章　当代高校财务风险控制及预警创新

本章研究当代高校财务风险控制及预警创新，首先介绍高校财务风险概述，其次介绍以内部审计制度强化高校财务风险控制，最后介绍高校财务风险预警体系的构建。

第一节　高校财务风险概述

一、高校财务风险的定义

财务风险是企业财务管理中的基本概念，而对高校财务风险的定义，目前国内主要有狭义和广义两种。

狭义的财务风险通常被称为举债筹资风险，是指高校由于举债而给高校财务状况带来的不确定性。在高校财务风险问题受到广泛关注后，很长时间里，许多学者和高校管理人员都将高校财务风险等同于负债风险，认为高校财务风险与高校负债数额和高校偿债能力密切相关。狭义的高校财务风险定义产生在特定的历史背景下，也切实反映了在扩招、评估的压力下，国内众多普通高校的财务风险来源，但是该定义的局限性也是不言而喻的。负债风险是当前高校的显著风险，但却不能代表高校财务风险的全部，高校在运营过程中的其他问题同样也会导致财务风险。如果仅将高校财务风险简单地理解为负债风险，那势必不利于对高校财务风险的全面控制和管理。

广义的财务风险是指高校在运营过程中，由于委托代理关系、财务治理等内外部环境因素作用所形成的财务状况的不确定性。它将会使高校遭受损失，造成高校不能充分承担其社会职能。相对于狭义的高校财务风险，广义的财务风险从更宽泛的视角界定了高校财务风险的成因，拓宽了我们对高校财务风险的认识，有利于加强对高校财务风险的全面控制和管理。也有观点认为，在定义高校财务风险时，应将高校财务风险界定为可能给高校带来损失或收益的不确定性。

二、高校财务风险的组成

（一）筹资风险

高校筹资风险主要来自金融机构贷款。高校为筹集资金常常从金融机构申请贷款来满足资金需求。而贷款的偿还需要承担一定的利息和还款压力，如贷款规模大、期限长、利率高等因素都可能增加高校的还款压力和资金风险。因此，在贷款协议中，高校必须充分考虑自身的实际情况、历史还款记录、财务状况以及未来可持续发展的能力等因素，评估自身还款能力，确保不会出现违约或无法按时还款的情况，避免带来的财务风险。

此外，高校在与金融机构签订贷款合同时还需注意合同条款是否合理，比如，可否进行提前还款、利率是否固定或浮动、质押物折价率等问题，这些因素对于高校的还款压力和资金风险也有很大影响。同时，高校在与金融机构开展业务时还需严格遵守相关法律法规，尤其是财务规定和风险控制要求，防止出现违规行为。

（二）投资风险

与企业不同，高校面临的投资风险主要是基建项目投资风险和校办产业连带风险。高校在发展过程中需要进行各类基础设施建设，如校舍、实验室、图书馆等。这些基建项目投资规模庞大，需要耗费大量的资金和资源。然而，由于诸多因素（如规划设计、施工质量、合同履约等）的影响，基建项目可能面临工期延误、预算超支、工程质量问题等风险。这些风险给高校带来了投资损失和管理压力的问题。

随着高校的发展，许多高校开始尝试经营校办产业，如科技园区、孵化器、学生公寓等。这些校办产业的运营存在市场竞争、盈利压力、管理能力等诸多风险。一旦校办产业经营不善或者遭遇市场波动，就可能给高校的财务状况和声誉造成连带的影响。

校办产业连带风险是指高校校办产业经营而使高校产生连带经济责任的可能性。高校的校办产业多是为了实现高校科技成果转化而成立的，虽然现在大多数校办产业已经进行了公司制改造，但高校仍然与校办产业有着千丝万缕的联系，一旦校办产业由于经营不善导致经济损失，高校很可能要承担连带责任。

（三）教育教学风险

在高校财务风险中，教育教学风险指的是因为教育教学质量出现问题而导致的经济损失或潜在经济损失的风险。主要表现为因教学内容、教学方法、师资、硬件设施等方面的原因导致教育教学质量下降，进而影响到学生毕业率、学历认证、师资队伍稳定等方面，给高校带来不良影响和经济损失。

教育教学风险的形成主要有教改政策不落地、教师队伍建设不足、实验室设备陈旧、学生学习能力差、教学评估制度不完善几个方面。政府发布了许多有关教育教学改革的政策文件，但由于实际执行中存在困难和不足，这些政策并没有得到有效的落实，导致教育教学质量得不到有效提升；另外，一些高校教师队伍建设不够完善，包括教师素质、师资比例、职称评定制度等方面存在问题，这些问题都会直接影响到教学效果和质量；实验室设备陈旧、维修不及时，会直接降低实验教学的效果和质量；一些学生在高中阶段就已经存在学习成绩的缺陷，而高校并没有找到有效的教育方法和手段来帮助他们提高学习能力，导致学生毕业率下降；学校教学评估制度不完善和执行不到位也会影响教学效果和质量。

高校如果为了规避财务风险而压缩日常教学经费、科研经费和师资培训经费及教师待遇经费等，反而会导致恶性循环，压缩教学经费和师资培训经费会导致学校无法提供足够的资源和支持来改善教学质量。教师缺乏培训和发展机会，无法与时俱进地更新知识和教学方法，影响到教学效果和质量，从而降低了学生的学习体验和成果。压缩科研经费会限制科研项目的开展和科研设备的更新，导致科研能力和水平下降。缺乏足够的研究资金和资源支持会阻碍教师积极投入科研工作，限制创新能力的发挥，进而影响到高校在学术领域的竞争力和声誉。由于教师待遇经费的压缩，高校难以提供具有吸引力的薪酬和福利待遇，导致优秀的教师流失。这将进一步削弱学校的教学和科研能力，从而形成恶性循环。同时，缺乏资金支持也使得高校难以吸引优秀的青年教师加入，进一步影响教师队伍的稳定和发展。教学质量下降、科研水平下降和师资队伍流失等问题都会直接影响高校的声誉和吸引力，进而影响到学生的招生情况。招生困难导致学校面临更大的财务压力，从而加剧了对教学和科研经费的压缩，形成了恶性循环。

三、高校财务风险的特殊性

高校财务活动与企业财务活动存在差异，如表 6-1-1 所示。

表 6-1-1　高校财务活动与企业财务活动比较表

事项类主体类别	企业财务活动	高校财务活动
财务活动环境	处于买方市场，所有财务风险都可以通过企业财务指标衡量	处于卖方市场，部分财务风险，如营运质量下降引起的财务风险无法通过财务指标体现
财务活动目的	追求利润最大化	不以营利为目的
财务筹资独立性	大多数企业对政府的依赖性较小	对政府依赖性高，政策性强
财务支出补偿性	成本、费用直接从相配比的营业收入中获得补偿	除经营性支出外，其他各项支出都不存在从对应渠道获得补偿的可能性
财务周转能力	资金再生能力强	缺乏资金再生能力
财务风险评价重点	从营利能力、偿债能力、资产管理能力、资产发展能力四个方面评价，其中营利能力是重点	不以营利能力为评价重点，绝大多数高校财务风险的评价重点以偿债能力为主

高校财务风险也体现出其不同于企业财务风险的特殊性，如表 6−1−2 所示。

表 6-1-2　高校财务风险与企业财务风险比较表

风险类主体类别	企业财务风险	高校财务风险
筹资风险	企业筹资风险是指与筹资活动相关的财务风险，包括负债和自有资金的风险，以及因筹资技术欠佳，资金投放、使用、收回、分配的不合理而引起的筹资风险	高校筹资风险主要体现为高校贷款风险，是指高校向银行等金融机构贷款后由于贷款结构不合理或贷款管理不善而使高校遭受经济损失的可能性
投资风险	企业投资风险是指由于投资项目的实际收益与预期收益之间存在偏差，给投资者带来的不利或亏损的可能性，主要包括投资额风险、收益风险、变现风险、购买力风险	高校属于非营利性组织，其投资风险主要体现在基建项目投资风险和校办产业连带风险两大方面

（续表）

风险类主体类别	企业财务风险	高校财务风险
其他风险	企业其他风险包括资金回收风险和收益分配风险。资金回收风险是指企业从成品资金到结算资金，再从结算资金到货币资金两个转化过程的时间和金额上的不确定性；收益分配风险是指由于收益分配而对企业未来的生产经营活动产生不利影响，包括收益确认风险和对投资者分配收益的形式、金额和时间把握不当而产生的风险两种	高校其他风险表现为高校教育教学风险，是指由于师资力量不足，教师满负荷工作，知识得不到更新、提高，导致高校教育教学质量下降，科研能力减弱，培养出的学生名不副实，毕业生就业困难，最终使得高校信誉受损，办学效益低下，进而引发财务风险

对企业财务风险的考察，往往要根据企业的资金流转环节从筹资风险、投资风险、利润分配风险等方面来进行。虽然高校与企业有相似的资金流转环节，但资金流转的目的却截然不同，即企业资金流转是为了获利，而高校则主要从事非营利性活动，是为了满足社会的共同需要。因此，高校运营过程中产生的资金耗费不可能像企业那样通过销售产品或提供劳务得到价值补偿并取得利润。虽然，高校在国家政策规定范围内，除财政拨款外也可以依法取得一定的收入；但是目前，这部分收入在我国高校总收入中所占份额仍然很小，不足以抵补支出耗费，只有依靠国家财政拨款，才能保证高校业务活动的顺利开展。可见，在资金流转方面，高校财务风险管理有其特殊性，主要体现在：筹资方面的政策性较强，开支方面的补偿性差，产品方面的无营利性，周转方面的再生性弱等。同时，资金收支活动渠道多样化、校办产业种类多样化、财务管理政策性强等高校财务管理的复杂性也会导致高校的特殊财务风险。

第二节　以内部审计制度强化高校财务风险控制

充分发挥内审保驾护航作用，实现内审经常化、规范化、主动化。高校应当做到：主要领导重视是关键，健全内审制度是重点，增加审计人员是基础，改进技术手段是条件，提升综合素质是保障，优化保驾护航是归宿。

一、强化内审意识，突出内审权威

审计好不好，关键看领导；发展好不好，群众是依靠；效果好不好，素质占主导。因此，强化高校内审意识、突出内审权威是充分发挥内审保驾护航作用的核心，是有效治理当前领导干部职务犯罪心理的利剑。

首先，高校高层管理者自身要怀有高度重视内审的意识、并付诸实践。高校高层管理者需要明确内审对于高校治理、风险管控和运营效率的重要性，深入了解内审的价值和作用，认识到内审不仅是一项法定要求，还是高校健康发展的必要保障。高层管理者应组建专业的内审团队或设立专门的内审办公室，明确其职责范围和权限，充分了解内审机构的工作内容和任务，明确内审在高校内部控制体系中的地位和作用。高层管理者可以建立奖惩机制，对于积极参与内审工作、发现问题并提出改进意见的员工予以表彰和奖励；同时，他们还可以通过激励措施如晋升、岗位调整等，提高内审人员的职业发展水平。

其次，高校应成立专门的内审委员会，由高校校级领导和校内专家统一管理、全面组织，统筹安排全校每年的预算审计、内控审计、绩效审计和经责审计等。既要坚决查处领导干部的违纪违法问题，又要切实解决发生在群众身边的不正之风和腐败现象，这样才能切中要害，真正树立高校内审的独立性和权威性。

最后，将内审的规章制度、标准、要求、流程和注意事项整理成内审手册，包括内审工作的基本原则、程序、操作指南等内容，内审手册应该简明扼要，并结合实际情况进行编写。通过内部会议、研讨会、内刊、培训班等形式，向内审人员和相关部门传达内审规章制度、标准、要求、流程和注意事项，确保内审人员和相关人员对内审工作有清晰的理解和认知。利用高校内部的信息化平台，如内部网站、企业微信、学习平台等，发布内审规章制度、标准、要求、流程和注意事项的通知、指南等文件，方便广大师生和工作人员查阅和学习。除了内部传播，高校还可以在全校范围进行大规模的内审规章制度、办法措施、审计标准、要求、流程和审计案例等的宣传，定期举办内审知识讲座、竞赛、辩论、征文等活动，建立内审信息交流公共平台（如微信群、QQ 群等），及时发布各种审计规定、标准和要求，评述审计查处案例与处罚结果，安排专人实时提供审计咨询等。着力解决全校干部职工思想上不重视、认识上不全面、行动上不配合的问题，促使大家从思想认识上、行动上自觉遵从并执行内审规定，改变“要审我”的现状，实现“我要审”的目的，真正达到“人人知内审，个个守规矩，干部要考评，内审来作答”的理想境界。

二、健全内审制度，统一审计标准

高校应依据现行法规，分析和评估高校当前面临的主要财务风险，包括经费管理、拨款使用、投资管理等方面，确定内审的重点和优先级，并为制定内审计划提供依据。考虑高校未来的发展方向和面临的挑战，预测可能出现的新型财务风险，并进行相应的内审准备工作。建立一个灵活、高效的内审机制，确保内审工作能够及时、准确地发现和解决问题；为内审人员提供必要的培训和专业知识更新，使其具备适应不断变化的财务环境的能力；建立健全的内部控制制度，明确各级财务审批权限和责任，并定期开展内部控制自评和改进工作；引入数据分析技术和工具，通过对大数据的处理和挖掘，发现潜在的风险和问题，提高内审的监测和预警能力；加强内外部信息共享，与其他高校或相关机构建立合作关系，分享行业经验和最佳实践，提高内审的水平和效果。

制定明确的内审制度和规章制度，明确内审机构的设立、职责范围和权限；对内审机构进行明确的组织架构设计，确定内审机构的职能部门和岗位设置，明确各个部门和岗位的职责和权限。内审人员应明确其职责范围和权限，包括审计对象的范围、审计事项的内容、审计程序的执行等；通过内审人员的职业道德与行为准则、内审人员手册等文件，明确内审人员的工作准则和操作规范；建立内审人员的培训机制，提供必要的培训和专业知识更新，使他们具备适应内审工作需要的能力。明确被审计部门的配合义务，包括提供必要的财务、经济、管理信息和文件资料，协助内审人员完成审计工作；被审计部门应及时回复内审发现的问题，配合内审人员提出整改要求，并确保整改措施的有效实施。被审计中层干部应积极配合内审工作，如实提供相关信息，解决内审问题，并配合内审人员进行实地核查。

三、增加内审人员，提升综合素质

高校在突出内审权威性，改变全体干部职工“怕审计，恨审计”陈旧落后观念的同时，要重点从内审人员着手。打铁要靠自身硬，审计要靠人完成，“人”在内审中是不可缺少的关键要素。

（一）严格把好人员关，健全选人用人机制

选拔和安排内审人员时，品质考核应优先于能力考核。考核部门应该优先将坚守职业道德规范、维护审计独立性和客观性、具有保密意识、具备强烈的责任心和使命感、保持公正和客观、遵守相关的法律法规和审计标准、具有良好的沟通能力和团队协作能力的综合素质较高的审计人员选拔、安排到审计部门承担专职审计工作。并针对审计人员个人的才能和特点，将其安排到较为适合其能力发挥的岗位，委以重任，并给予科级以上实职待遇，充分做到“任人唯贤，人尽其才，

才尽其用”，彻底改变当前内审人员的消极怠工、窝工现象，充分发挥内审人员的积极性、主动性、维法护法性。

（二）加强审计人员法律法规及职业道德教育

在审计情况越发复杂的当下，审计人员应该与时俱进，在具备合格的职业道德的同时，掌握更全面、更熟练的业务技能。高校要致力于全面提升内审人员的素质，在业务培训指导方面加大投入，可定期开展法律常识、职业道德观念和审计理论与方法体系、审计策略、审计手段、审计技术、计算机编程设计等的培训，强化业务规范指导，把规范、培训、考核等环节有机连接，应用现代化的信息技术审计手段，大幅提升审计的效率和精度，并提高发现问题和风险的能力，如利用数据仓库、数据挖掘、数据分析等技术对高校各个领域的数据进行分析和处理，识别异常数据、异常行为，及时发现风险和问题，并提高审计的效率和精度。培养审计人员的守法意识和道德修养，综合提升业务能力，树立“敢审、会审、能审”的观念，提高审计人员依法审计、文明审计和敏锐的洞察力、判断力、组织协调能力等，注重实践锻炼，彻底改变审计人员业务知识贫乏或专业知识老化、技术手段落后、业务能力低下等的不良现象。

（三）坚决维护审计人员的合法权益

在高校财务内部审计工作中，有效维护审计人员的合法权益至关重要。为了确保审计人员的合法权益，先要建立健全的法律法规和制度体系。明确审计人员的职责和权益，并为其提供必要的保护措施。高校可以制定内部规章制度，明确审计人员的权益保障事项，并落实相关法律法规的要求。保障审计人员的独立性和公正性，确保他们能够在审计工作中客观、公正地行使职权，为审计人员提供一个独立、公正的工作环境，并防止任何干扰或威胁审计工作的行为发生。建立合理的激励机制，激励审计人员积极履行职责，并提高他们的工作积极性。可以通过薪酬激励、晋升机会、荣誉表彰等方式，表彰和奖励那些表现出色的审计人员，增强他们的工作动力。加强审计团队的建设与管理，提供良好的团队氛围和合作环境，鼓励团队成员之间的交流和协作，分享经验和技术，促进团队整体素质的提升。

四、更新审计理念，采用先进手段

在思想观念和科技手段飞速发展的当今社会，审计理念、审计方法也应该与时俱进，迎接新形势、新任务的考验。

首先，高校内审应该转变传统的审计观点，采用先进的审计手段，不应只局限于“出了问题才来审，领导要求才来审”，要充分发挥内审的积极性、主动性和创造性，一定要找准当前高校预算管理、内控管理、工程管理及绩效管理方面存在的问题及弊端，提早实施审计，开展事先、事中审计监督，及时提出建设性的意见和措施，堵塞漏洞，杜绝舞弊。

其次，必须更新审计设备、配备性能优良的计算机及其他辅助设备，建立健全的内审信息化网络公共平台，及时传达国家政策法规、审计法规、处罚规定、案例警示等，便捷、准确、高效、快捷传递内审正能量。

最后，必须改进审计手段，充分运用现代先进科学技术和网络优势，针对高校教学管理、资产管理、财务管理、工程管理、学生学费管理、科研管理等的问题，全面运用计算机信息技术设计一套高效适用的内审软件体系（包括审计现场作业软件、审计法规软件、审计管理软件、经责审计软件、工程审计软件、内控审计软件等），并与财务系统、管理系统、校园网络平台衔接，建立和完善内审对象数据库，积极探索跨专业数据整合、多数据综合分析的计算机审计方法体系，不断提高审计效能和信息化水平，着力培养审计人员熟练掌握和运用计算机技术的能力，实行无纸化审计。努力做到远程审计、联网审计，全面推行内审信息化工作，提升内审的综合水平，着力解决高校领导重视，职工关切的热点、难点问题。

五、深化预算审计，提高预算效果

预算在高校内部审计工作中发挥着重要的作用，它为高校内部审计提供了一个比较准确的标准，可以用来评估实际支出和开销是否与预期的一致，审计人员可以通过比对实际支出和预算来监督和控制高校各项经费的使用情况，确保资源的合理配置和利用。预算审核可以帮助审计人员发现预算执行中可能存在的问题和潜在的风险，通过审查预算与实际开支的差异，审计人员可以及时发现超支、挪用资金、财务违规等问题，并提出解决方案或建议，以防止潜在的财务风险。预算工作是高校健康可持续发展的关键，贯穿于高校所有的教学科研活动和业务活动，为资金的合理安排和使用效益的提升提供支持。所以，深化高校预算审计是内部审计工作中不可缺少的环节，其整体思路是加强规范性管理，强化风险识别与评估意识，借助数据分析与技术支持，强调综合性审计，加强信息公开和沟通。通过这些措施，可以提高高校预算审计的效能和质量，为高校的发展和管理提供有力支持。

首先，高校内审部门应安排专业能力强、综合素质高的专职审计人员参与学校预算编制过程，掌握预算编制法规、口径和内容。从预算目标是否明确、预算编制是否全面、内容是否完整、预算定额是否适当、支出结构是否优化、支出项目是否细化、资金安排是否合理等方面实时对预算编制情况进行监督检查，重点对预算安排的必要性、真实性、合理性、规范性、可操作性、目标性、绩效性进行全面的审查评价，特别关注资金需求大，实施时间长的项目的预算安排，促进学校建立健全以预算编制为基础、绩效评价为手段、结果应用为导向，覆盖全校所有资金和业务活动的预算审计体系，全面提高预算编制的审计水平。

其次，高校内审部门必须强化对预算执行的监督检查。要保证年初预算得到不偏不斜地执行，高校内审部门应设置专门的预算执行监督检查岗位，加大预算的执行监督检查力度，从紧从严监督预算执行，

设立专门的预算监控部门或岗位，负责预算执行情况的监测和分析，制定详细的监控指标和流程，定期收集和分析预算执行数据，发现问题并及时报告上级部门。明确预算执行的程序和规定，包括审批、调整和报账等环节，确保预算执行过程透明、规范，并建立相应的审批和报账档案，便于日后审计和查阅。加大对预算执行情况的审核和审计力度，发现问题并进行深入调查，审查预算执行与实际开支的差异，对异常情况进行核实，确保预算的准确性和合规性。对当年预算执行进度缓慢情况、预算执行只顾花钱不想做事的情况以及违纪违规情况予以坚决查处、定期通报和公示预算执行情况，并限期整改，避免权责不清、推诿扯皮、效率低下等问题，确保按预算和项目实施进度及时用款，保障预算安排的权威性、严肃性。

最后，高校内审应强化预算执行结果审计，在问责上下功夫，从绩效中找捷径。预算结果审计与考评奖惩是预算管理的生命线，通过科学合理的审计与考评奖惩，才能确保预算管理落到实处，从而提高学校预算的刚性，使预算真正成为约束高校教学科研活动坚不可摧、牢不可破的既定法则。着力促使高校完善“预算编制有审计、预算执行有审计、预算完成有审计、审计结果有反馈、反馈结果有应用”，综合的、全过程的在责、权、利相结合基础上的“内容具体，指标明确，奖惩到位”的高校预算审计考评奖惩体系，制定预算审计考核奖惩办法，实施严格的预算审计奖惩，通过“源头参与，过程监管，结果审计，有奖有罚”等具体措施来保障高校预算的权威性和效益性。对预算支出执行进度快、均衡性好、效益好的部门给予表彰和奖励；对预算执行进度缓慢，年终结余较大，年底“突击花钱”等预算执行不力的部门给予通报批评，并限期整改，同时相应缩减下一年度的预算安排；以此充分调动各部门的积极性，使预算安抚、预算执行与预算结

果得到高度的协调和统一，保证高校预算责、权、利真正落到实处。

六、强化内控审计，规范业务流程

高校内部审计制度中的内部控制指的是一系列管理措施和程序，旨在确保高校达到经济、效率、有效性和遵守法规的目标。内部控制包括组织结构、职责划分、管理制度、流程规范等方面的内容。内部控制对高校内部审计制度有重要意义，能够保护高校的资产，确保已有资源得到充分利用，防止资源被浪费或滥用；有助于规范工作流程，明确责任分工，提高工作效率和执行力；能够帮助高校识别和评估风险，并建立相应的控制措施，降低风险发生的可能性；能够促进高校治理，建立透明、公正、负责任的管理机制和文化。

首先，高校内审部门需要制订审计计划，明确审计的目标和范围，计划应包括对内控制度设计的审查、内控制度执行情况的检查以及内控制度执行效果的评估。内审部门可以通过实地调研、观察、访谈等方式，检查内控制度的执行情况，例如，核实内控制度的执行人员是否按照规定履行职责，是否存在违规行为或失误，并记录相关问题和建议；可以采用数据分析、样本测试和风险评估等方法，评估内控制度的执行效果。通过审计内控制度，可以及时发现内控制度设计中存在的不合理之处，以及内控制度执行过程中的违规行为或失误，从而及时进行改进与纠正。通过审计内控制度的执行情况，可以评估内控水平的有效性，为高校提供改进内控体系、强化风险管理的建议和措施，从而提高内控水平。审计内控制度的执行效果有助于发现并解决潜在风险，并提出相应的风险应对措施，防范财务、管理及业务风险；有助于确保高校资产的安全和合理利用，提高高校治理的透明度，保障高校利益的最大化。

为了达到上述目的，高校应该投入足够的资源，由权威部门设立公正公开的内部控制审计评价办法和标准，可以组建由相关领域专家组成的委员会或工作组，包括高校管理专家、审计专家、法律专家等，以确保多方面的参与和综合性的意见；开展广泛的调研和咨询，征求高校管理者、内部审计专业人员、学者、业界专家等的意见和建议，了解他们对于高校内部控制审计的需求和期望。基于专家委员会的讨论和广泛咨询的结果，权威部门可以制定一套内部控制审计评价方法和标准，明确高校内部控制的基本内容、评价指标、评价方法等。

其次，高校内审部门必须准确把握内控审计评价的内容，抓好关键点的评价，如内控制度设计的完整科学性、内控措施的有效针对性、内控程序的简捷实效性、内控效果的真实可达性等；把握关键部位的审计，如不相容岗位分离、职责明确、审批流程、资金调度、预算执行、资产管用交接、会计核算流程、账务处理结果等；运用好审计方法，深入基层，切实了解本校情况，就调查项目逐一审计评价，绝不能流于形式，甚至只凭口头汇报进行判断。

最后，正确运用审计评价的结果是内控审计工作中最重要的环节。根据审计评价的结果，高校可以及时识别出存在的问题和不足，并制定相应的改进措施。例如，对于内控制度设计存在的缺陷或执行情况不合理的情况，可以进行修订和完善；对于发现的违规行为或失误情况，可以采取纠正措施并加强内部培训和监督。应根据内控审计工作的结果撰写书面审计报告，描述审计工作的背景和目的，包括内控审计的目的、范围、标准等内容；说明审计工作的范围和对象，明确审计覆盖的业务、部门和时间段等信息；介绍审计工作的方法和技术手段，包括调查核实、样本检验、文件审查、访谈等；对审计过程中发现的问题、不足、风险等情况进行描述，包括内控制度设计缺陷、内部监管不严格、操作风险未能得到有效控制等方面；提出改进和优化内控制度的具体建议，针对审计发现的问题和不足，提出改进措施和具体建议，并分析其优缺点和实施难点；结合审计的结论和建议，对被审计单位内部控制状况、风险管理能力、高校治理水平等方面进行综合评价。经由高校书记、校长审批同意后，及时督促相关部门和责任人认真整改、弥补缺陷、堵塞漏洞、突出实效。

七、开展绩效审计，实现追责问效

绩效审计是对高校管理绩效进行评估和监控的一项工作，目的是通过对高校经济管理活动的评价，揭示出存在的问题和不足，并提供改进方案和建议，从而促进高校财务管理水平的提高。绩效审计需要了解高校的目标和任务，以便评估高校是否实现了其设定的战略目标和具体任务。审计人员首先需要参考高校的规章制度和相关政策，设计出可衡量、可比较、可操作的绩效指标；其次向高校收集相关的业务数据，对这些数据进行系统分析和比较，了解高校的实际运营情况；最后将收集到的数据与制定的绩效指标进行比较，评估高校是否达到预期目标，并分析原因。

绩效审计作为高校资金管理的一种重要手段和方法，有助于提高资金使用效益、加强项目管理、建立绩效导向文化，同时也起到预防和治理腐败的作用，对于高校的可持续发展具有积极的促进作用。绩效审计对于从源头防止和治理腐败具有非常重要的意义。通过加大对资金使用情况的监督力度、发现问题并及时处理、建立完善的控制机制以及加强管理问责等，可以有效预防和治理腐败问题，保障资金使用的规范性和安全性。高校应当高度重视资金绩效审计体系，明确规定绩效审计的对象、范围、内容、程序、方法、依据、指标，强化绩效运行跟踪审计意识，以揭露管理不善、决策失误造成的严重损失浪费和资产流失为重点，找准问题，挖掘潜力，建言献策。着力从任务完成情况、项目管理情况、资金运用情况、对象满意程度和综合效益情况五个方面开展绩效审计与评价，全面重视绩效审计结果的应用，把资金绩效审计结果作为干部评聘和行政问责的重要内容，解决绩效审计中的现实问题，在资金绩效管理方面着力改进和创新；确立明确的目标，将目标划分为可量化和可衡量的指标，并确保与高校整体战略目标相一致；加强信息系统建设，确保数据的自动化采集和准确性，建立完善的数据采集流程和质量控制机制，并进行数据的清洗和验证，以确保数据的准确性、完整性和可靠性；加强对绩效评估结果的解读和分析，将评估结果转化为具体的改进措施和行动计划；建立健全的激励和约束机制，通过激励机制激发教职工的积极性和创造性，通过约束机制确保管理规范和责任到位。

总而言之，强化内审意识对于高校健康发展和提高教育资金的使用效益和社会效益具有重要的作用。内审意识能够强化高校内部对教育资金使用情况的监督和检查意识，及时预防和发现潜在的问题和风险。通过加强内部控制、核查账目、审计流程等，可以减少资源浪费、滥用和腐败现象的发生，为高校营造安全洁净的环境。内审意识鼓励高校对教育资金的合理配置和优化使用，确保资源得到最大限度的利用。通过细致入微地审查各项支出、评估项目回报率等方式，可以避免不必要的开支，提高资金使用效益，从而实现更加合理的资源配置。强化内审意识有助于高校树立良好的声誉和形象。通过对教育资金的合规性检查和透明度披露，加大对违规行为的追责力度，从而让高校能够赢得社会各界的信任和支持。这不仅有利于高校的发展，也对提高教育资金的社会效益起到积极的推动作用。

第三节　高校财务风险预警体系的构建

一、财务预警的基本方法

（一）计量经济方法

1. 单变量判别分析

单变量判别分析（UA）是一种统计方法，用于研究一个自变量与一个因变量之间的关系，该方法源于1966年威廉·比弗（William Beaver）对美国多家破产企业与未破产企业的统计计算。在财务预警中，UA用于分析单个财务指标与企业财务状况之间的关系，并进行预测和风险评估。

UA的原理基于以下步骤：①收集和整理相关的财务数据，并将其划分为自变量（财务指标）和因变量（财务状况）；②对每个财务指标进行数据探索和描述性统计分析，包括均值、方差、分布等。通过绘制直方图、箱线图等图形，了解指标的数据分布情况；③对每个财务指标与因变量之间的关系进行分析；④根据单变量分析的结果，选择对财务状况预测能力较强的财务指标，并建立预测模型；⑤最后利用建立的模型对新的财务数据进行预测和评估。

UA在财务预警中具有简单直观、提供特定变量的重要信息，快速预警等优点。它只考虑单个财务指标与财务状况之间的关系，使得分析结果更加直观和易于理解，并且可以了解每个财务指标对财务状况的影响程度和趋势，从而确定哪些指标对于财务预警较为重要，快速评估企业的财务状况，并发出及时的预警信号。

2. 多变量判别分析

多变量判别分析（MDA）用于研究多个自变量与一个因变量之间的关系。与单变量判别分析相比，MDA考虑了多个财务指标对财务状况的联合作用，提供了更全面和准确的预测和分类结果。该方法于1968年由爱特曼（Altman）以组合试验的形式得以应用后，取得了非常理想的效果。

MDA能够综合考虑多个财务指标之间的相互作用，更全面地分析财务状况与财务指标之间的关系。相比于单变量判别分析，MDA能够提供更准确的预测和分类结果。通过MDA，可以确定对财务状况预测最为重要的财务指标，并给出它们的权重。这有助于企业识别关键的财务风险因素，并采取相应的措施进行管理和监控。

MDA判别函数具有线性形式，因为它假设财务指标与财务状况之间的关系可以通过线性组合来进行描述和预测。在MDA中，首先，将多个财务指标进行线性变换，得到一个或多个新的变量（也称为判别变量）。其次，利用线性判别函数对这些判别变量进行加权线性组合，得到最终的判别函数。最后，该判别函数将财务指标投影到一个低维的空间中，使得在这个空间中不同财务状况的分布差异最大化，同时使得相同财务状况的分布差异最小化。

由于线性组合具有较好的数学性质和解释性，因此MDA通常假设判别函数具有线性形式。通过线性判别函数，可以对财务状况进行分类和预测，将不同类别的财务情况进行有效的区分。

3. 线性概率回归模型

线性概率回归模型（LPM）是一种用于二元分类问题的线性模型，在财务管理中有着广泛的应用。LPM 的原理是基于线性回归模型，但是它的因变量是一个二元变量（如 0 或 1），表示某个事件是否发生。模型假设因变量为二元变量的概率服从线性函数关系。1972 年，埃德米斯特（Edmister）设计了首个基于该方法的财务预警模型，预测精度在 90% 以上。他认为 MDA 是“黑－灰－白”方法，“灰区”的企业是被误判的，而 LPM 方法得到的是破产概率，因此需要对“灰区”的企业有进一步了解，将财务比率通过模型转化为破产概率，使得结果具有实际意义。[①]1980 年，奥尔森（Ohlson）使用评定模型方法研究财务预警，发现高精度的预测并不是最重要的，更重要的是对于不同数据收集的估计程序。

在财务管理中，LPM 可以用于偿债能力评估、经营风险评估、投资决策等方面。这种方法可以用来建立企业的偿债能力模型，利用多个财务指标来预测企业可能的违约概率；还可以用来评估企业的经营风险及其相关因素；也可以用来评估股票、债券等各种投资标的的潜在风险和收益。

（二）人工智能方法

1. 神经网络

神经网络（NNs）是一种模仿人脑神经系统结构和功能的计算模型。它由多个互联的节点（称为神经元）组成，这些神经元通过带有权重的连接进行信息的传递。神经网络通过学习自适应地调整连接权重，从而将输入数据映射到输出结果中。

在财务预警中，神经网络可以发挥重要的作用。它可以通过学习历史财务数据、公司经营情况等信息，来建立一个预测模型并进行财务风险评估，具有风险预测、异常检测、信用评估等用途。

NNs 方法相比其他传统的统计学和机器学习方法，在一些方面具有优势，如非线性建模能力、自适应学习能力、多特征综合考虑等，使其更适合于识别非困境企业。但是，需要注意的是神经网络虽然在财务预警中有着广泛的应用，但它也存在一些限制和挑战。例如，对于神经网络模型的训练需要大量的数据和计算资源，同时还需要处理数据噪声和提高对解释性的要求。此外，神经网络的结果

① 陈健美．加强监督，提高效益我国高校财务管理的改革与创新研究[M]．沈阳：沈阳出版社，2018．

可能受到数据选择、特征提取和模型结构等方面的影响，需要谨慎使用和解释。因此，在实际应用中，结合领域知识和其他方法可以进一步提高财务预警的准确性和可靠性。

2. 遗传算法

遗传算法（GA）是一种基于生物遗传学和自然选择理论的优化算法。GA 对问题空间进行随机搜索，并通过基因型和表现型之间的转化来保持良好的搜索方向，从而找到一个最优解或接近最优解的解。GA 由于其算法模型简单、适用范围广、跨模态搜索能力强以及易于并行实现等特点，被广泛应用于多种优化问题中。

对于多参数优化问题，需要考虑多个目标函数和多个变量之间的复杂关系。而这些目标函数和变量之间往往存在着大量的软、硬约束条件，如不等式约束、线性约束、非线性约束等。GA 作为一种群体演化算法，具有并行搜索和全局搜索等特点，能够处理包括软、硬约束在内的多参数优化问题，并且不容易陷入局部最优解。具体来说，GA 在遗传操作时采用了交叉、变异等操作，可以有效维持群体内种群的多样性，防止陷入局部最优解的情况。同时，GA 的搜索过程是随机的，而且搜索空间较大，这使得它具备更强的全局搜索能力。此外，GA 还可以通过适应性函数评估个体的适应度，即优化目标函数的值，从而指导搜索方向。通过这种方式，GA 能够在多参数优化问题中有效地探索最优解。总之，由于它具有搜索空间大、全局搜索能力强以及适用于复杂多约束的优化问题等优点，所以遗传算法尤其适用于解决大量软、硬约束目标函数的多参数优化问题。

弗朗科（Franco）用遗传算法分别提取了线性函数和判别规则。研究结果表明，遗传算法可以获得不受统计约束的最优线性方程，提取的线性函数与 MDA 相比，省时并且受分析人员的主观影响小，但结果不如线性判别分析准确。①

3. 粗集方法

粗集方法（RST）通过对数据集进行属性约简和决策规则提取，从而揭示数据之间的潜在关系和规律，有助于处理不完全和模糊的信息。与其他人工智能方法相比，RST 不依赖于统计假设，不需要对数据的分布做出明确的假设；也不依赖于数据的概率分布，因此适用于各种类型的数据，包括非线性、非正态分布等情况。在财务预警中，RST 可以通过属性约简和决策规则提取的过程，分析财务

① 陈健美．加强监督，提高效益我国高校财务管理的改革与创新研究[M]．沈阳：沈阳出版社，2018．

特征之间的关联，以及与团体失败风险之间的关系，从而识别潜在的风险因素，并为决策制定提供支持和指导。

RST 通过属性约简，从大量的属性中筛选出最核心和最具区分度的特征，能够减少参与决策的属性数量，降低决策问题的复杂度，提高决策过程的效率。RST 的决策过程相对来说较为透明，通过属性约简和决策规则提取的方法揭示数据之间的潜在关系和规律，使决策过程更加可见和可理解。

RST 具有考虑决策者的知识背景、决策规则可解释性、集成决策支持系统实现系统化管理、多种决策支持方法的有机组合等特点，使其可以用于集成决策支持系统中，并能够满足不同决策需求的要求。

该观点认为，粗集方法是一种可操纵的决策工具，不同样本和决策者的知识可以导致不同的决策规则，因此研究结果并不具有通用性。具体理解如下：

RST 决策规则的生成和适用性会受到不同样本和决策者知识背景的影响，研究结果在不同情境下可能会出现差异。决策者可以有自己的需求和知识背景，不同样本与决策者的知识会产生不同的决策规则，所以研究结果缺乏一定的通用性。

4. 基于案例推理方法

基于案例推理方法（CBR）是一种人工智能方法，通过存储、检索和利用过去的类似情况来推断和解决当前的问题。CBR 一般运用 K 临近算法对存储的案例进行分类，并以此为基础判别或预测新增案例的状况。在财务预警方面，CBR 可以帮助识别风险、解释问题、支持决策，并提供一个有效的案例库管理系统。它可以提供实际案例的经验教训，帮助组织更好地应对财务挑战。

通过将不同的人工智能方法相互结合，财务预算人员能够充分发挥每种方法的优势，弥补各自的不足之处，并提高财务预警模型的预测精度。不同方法的融合可以得到更全面、准确和可靠的预测结果，为财务决策提供更好的支持和指导。例如，将自组织图与 NNs 结合，遗传算法与粗集结合，数据挖掘与粗集结合，粗集与神经网络结合，模糊 NNs 与粗集相嫁接等。然而，这些软件计算方法以及它们的结合使用，孰优孰劣却很难比较，因此将多种判别 / 预测方法结合成多目标决策支持系统成为目前研究的一个发展方向。

二、高校财务风险预警指标体系的建立原则

基于市场经济全球化进程不断加快的背景和我国的经济新形势，建立高校财务风险预警指标体系有利于高校实现有效的财务风险预警。

（一）体现高校财务风险的特点

高校不同于企业，企业是营利性组织，其资金流转是为了增值；而高校是非营利性事业单位，其资金流转是为了维持和开展教学、科研活动。所以，高校财务风险和企业财务风险相比在筹资、开支、产品和周转方面都有很大不同：①高校通常依赖于多元化的资金来源，如政府拨款、学费收入、科研经费等，与企业相比，高校的筹资方式更多样化，但也更加受制于政策和资金安排的变动，此外，高校的筹资往往更注重长期稳定的资金来源，以满足教学和科研的需要；②高校的开支主要用于教育教学、科研和基础设施建设等方面，相对于企业而言，高校的开支结构更加特殊，包括教职员工薪酬、学生奖助、科研经费、实验设备等，而且高校的开支还需要考虑社会责任和公共利益，因此在资源配置上可能存在一些特殊的要求；③高校的“产品”是教育和科研服务，不同于企业的商品和服务，高校的核心任务是培养学生和推进学术研究，而非以营利为目的的生产和销售，故在产品方面更注重知识传授、学术发展和社会影响等目标，而非直接的经济利润；④高校的资金周转周期普遍较长，尤其是在从政府拨款到等资金到位较滞后的情况下，相比之下，企业通常更加注重资金的流动性和周转效率，因此高校也需要管理好资金的使用和流动，确保对教学和科研活动的支持，同时保持财务稳定。

总而言之，高校和企业目标和本质不同、收入结构不同、成本结构不同、风险特征不同。因此，不能直接将反映企业财务风险的指标直接用来反映高校财务风险。应该根据高校的特点和目标，设计和使用合适的财务指标和风险评估方法，从而更全面和准确地评估高校财务风险。

（二）定量分析与定性分析相结合

理想的财务分析应该是定量分析与定性分析的结合。完备的高校财务风险预警系统，既要包括运用模型而进行的定量分析，还要包括基于分析人员经验、考虑非量化因素而进行的定性分析。定量分析以数据为基础，定性分析以逻辑为基础，定性与定量相互补充、相互配合才能达到理想的财务风险预警效果。

（三）具有动态性特点

高校财务预警指标的动态性，首先，体现在高校财务预警指标既要能评价过去，还要能预测未来，即能体现动态的分析过程；其次，还体现在财务预警指标必须随着情况的变化而发展，即随着高校财务风险的变化要对其不断进行修正和补充，从而保证预警指标的先进性。

（四）反映全局和系统的观念

高校财务预警指标体系的目的是预警，但不能仅是预警，而是围绕预警所开展的一系列活动。具体包括预警事前确定评价指标、制定指标的安全区间和风险区间、建立数学模型、资料信息的传递等；预警事中分析资料、发现问题、发出预警；预警事后分析风险原因、寻找风险根源、建立追踪系统纠正错误、跟踪预警等。高校财务预警系统要注重日常监控，随时发现各种可能导致预警的情况，重视从细微处发现问题，及时“对症下药”。

三、高校财务风险预警指标体系的指标构成

按照高校财务风险预警指标的设计原则，在我国现有的高校财务管理和会计核算体系基础上，参照较成熟的企业财务风险预警指标，设立的财务风险预警指标体系共计十二项指标。

（一）流动比率

流动比率＝流动资产／流动负债

一般情况下流动比率越高，说明高校短期偿债能力越强，债权人的权益越有保证。按照企业财务管理的长期经验，一般认为1～2的比例比较适宜。它表明，高校财务状况稳定可靠，除了能满足日常生产经营的流动资金需要外，还要有足够的财力偿付到期短期债务。如果比例过低，则表明高校可能难以如期偿还债务。但是流动比率也不能过高，过高则表明高校流动资产占用较多，会影响资金的使用效率和高校的获利能力。

（二）资产负债率

资产负债率＝负债总额／资产总额

资产负债率越小，说明高校资产中债权人有要求权的部分越小，由所有者提供的部分就越大，资产对债权人的保障程度就越高；反之，资产负债率越高，债权的保障程度就越低，债权人面临的风险就越高。学校资产负债率的警戒线一般为60%。

（三）现实支付能力

现实支付能力＝年末货币资金／月均支出额

月均支出额＝全年支出总额／12

现实支付能力指标用来预测高校近期正常的支付能力。该指标值越大，说明高校偿还到期债务的能力越强；反之，高校偿还到期债务的能力越弱。所以，该指标值不能过低。

（四）潜在支付能力

潜在支付能力＝（年末货币资金＋年末应收票据＋年末借出款＋年末债券投资－应收（预付）款－年末应缴财政专户－年末应交税金）／月均支出额

该指标表明，学校年末存款能满足学校支出的月份。该指标值越大，表明潜在的支付能力越强；反之则越弱。一般应满足 3～4 个月的支付能力。

（五）收入负债比率

收入负债比率＝年末负债总额／总收入

它反映在不考虑支出的情况下，高校收入刚性偿还债务的能力大小。该指标值越小，表明高校的偿债能力越强；反之，说明高校的偿债能力越弱。

（六）自筹收入能力

自筹收入能力＝自筹收入／总收入

自筹收入＝事业收入＋经营收入＋附属单位缴款＋其他收入

该指标反映了高校自我筹集资金的能力。该指标值越大，说明高校自我发展能力越强；反之，高校自我发展能力越差。该指标值不应过低，否则影响高校的正常运转。

（七）经费自给比率

经费自给比率＝自筹收入／（事业支出＋经营支出）

经费自给比率指标说明高校利用自身资源能力的大小。该指标值越大，说明高校的管理绩效越好；反之，管理绩效越差。

（八）收入支出比率

收入支出比率＝总收入／总支出

若总收入小于总支出，比值小于 1，说明学校该年度出现赤字和负债，或动用历年学校财务结余，或向银行贷款。该指标数额越小，说明学校财务运转越困难。若该指标值长期小于 1，说明学校面临较大的财务负债风险。

（九）净资产收入比率

净资产收入比率＝总收入／（期初净资产＋期末净资产）/2

该比率与收入成正比，与净资产投入成反比。该指标值越大，表明用一定的净资产投入得到的收入越多，也即其收益能力越强；反之，说明其收益能力越弱。

（十）自有资金动用程度

自有资金动用程度＝（应收及借出款＋校办企业投资＋对外投资＋借出款）／（事业基金＋专用基金－一般基金）

该指标越小，表示高校实际自有资金动用越大；反之，该指标值越大，说明高校未来的发展越有可能受到制约。

（十一）净资产增长率

净资产增长率＝（期末净资产－期初净资产）／期初净资产

净资产增长率是衡量高校发展潜力的一个重要指标。该比率越大，表明高校的发展潜力越大，面临的财务风险越小；反之，高校面临的财务风险将会越大。

（十二）货币资金净额增长率

货币资金净额增长率＝（期末货币资金净额增长率－期初货币资金净额增长率）／期初货币资金净额增长率

货币资金净额增长率指标能够反映高校流动资产中货币资金的运作风险状况，能够反映高校的发展潜力。该比率越大，表明高校的发展潜力越大，面临的财务风险越小；反之，高校面临的财务风险越大。

对于具体高校的微观财务管理而言，上述指标体系较全面反映了高校可能存在的财务风险，计算简便；对于政府部门的宏观财务管理而言，上述指标数据均属于对外报表数据，容易获得，并且各高校间计量口径一致，也方便比较。

四、建立高校财务风险预警指标体系

根据财务风险预警指标建立的原则，预警指标体系由偿债能力、营运能力和发展潜力三个一级指标和十二个二级指标构成。财务风险预警指标的具体分类及计算公式如表 6-3-1 所示。

表 6-3-1　高校财务风险预警指标体系

一级指标	二级指标	计算公式
偿债能力指标	资产负债率 /%	高校负债总额 / 高校资产总额
	债务负担率 /%	年末贷款余额 / 年度总收入
	贷款额度与科研经费收入比 / 倍	年度贷款余额 / 年度科研经费收入
	短期贷款占全部贷款的比重 /%	高校短期贷款额 / 高校全部贷款额
	本年需还款与总收入的比 / 倍	本年需还款额 / 年度总收入
营运能力指标	总资产收入率 /%	年度总收入 / 高校总资产
	学校年度收入支出比 / 倍	本年实际总收入 / 本年实际总支出
	经费自筹率 /%	高校自筹经费收入 / 高校总经费收入
发展潜力指标	总资产增长率 /%	[（本年年末资产总额－去年年末资产总额）/ 去年年末资产总额]×100%
	学费增长率 /%	[（本年学费总额－去年学费总额）/ 去年学费总额]×100%
	财政拨款增长率 /%	[（本年财政拨款总额－去年财政拨款总额）/ 去年财政拨款总额]×100%
	科研经费增长率 /%	[（本年科研经费总额－去年科研经费总额）/ 去年科研经费总额]×100%

参考文献

[1] 陈明．我国高校财务管理问题研究 [M]. 成都：西南交通大学出版社，2012.

[2] 栾泽沛，刘芳菲，于瑞杰．高校财务管理与会计理论应用 [M]. 北京：中国商务出版社，2021.

[3] 辛妍．新时期高校财务管理与审计 [M]. 北京：新华出版社，2021.

[4] 尉桂华．新形势下高校财务管理若干问题研究 [M]. 成都：西南交通大学出版社，2015.

[5] 索金龙，申昉．高校财务管理技术创新研究 [M]. 北京：北京工业大学出版社，2020.

[6] 吕素昌，孙永杰，徐娜娜．高校财务管理绩效评价研究 [M]. 北京：北京工业大学出版社，2020.

[7] 宋振水．"互联网＋"视域下的高校财务管理创新研究 [M]. 西安：陕西科学技术出版社，2022.

[8] 宋大龙．新形势下高校财务管理与审计监督 [M]. 长春：吉林人民出版社，2021.

[9] 张远康．新时期高校财务管理问题研究 [M]. 天津：天津科学技术出版社，2019.

[10] 杨丹华．新形势下高校财务管理与发展研究 [M]. 太原：山西经济出版社，2021.

[11] 杨阳．大数据时代高校财务管理制度创新性探究 [J]. 上海商业，2023（8）：95-97.

[12] 蔡曼宁．论“互联网 +”时代下高校财务管理创新 [J]. 商讯，2022（23）：25−28.

[13] 卢进．新会计制度下高校财务管理工作的创新路径研究 [J]. 中国管理信息化，2022，25（15）：40−42.

[14] 郭珊珊．我国高校财务管理改革与创新的思考 [J]. 财经界，2022（17）：80−82.

[15] 赵立文．政府会计制度改革对高校财务管理创新的影响及策略 [J]. 延边教育学院学报，2022，36（2）：52−54.

[16] 韩飞飞．互联网视域下高校财务管理的创新策略探讨 [J]. 营销界，2022（6）：80−82.

[17] 徐静，蒋封纯，王彦．基于政府会计改革的高校财务管理创新措施 [J]. 审计与理财，2022（2）：59−60.

[18] 邢睿．新时期高校财务管理面临的挑战与理念创新 [J]. 经济研究导刊，2022（1）：84−86.

[19] 吕国生．互联网背景下高校财务管理的创新路径探索 [J]. 食品研究与开发，2021，42（23）：238.

[20] 刘欢欢．新政府会计制度下 X 高校财务管理中存在的问题及对策研究 [D]. 乌鲁木齐：新疆农业大学，2023.

[21] 莫秋宜．“互联网 +”高校财务管理创新研究 [D]. 南宁：广西大学，2023.

[22] 辛晓洋．基于财务共享服务的民办 A 高校财务管理模式优化研究 [D]. 长春：长春工业大学，2021.

[23] 谢小乐．Q 高校财务管理信息化建设研究 [D]. 南昌：江西财经大学，2021.

[24] 陈婧姝．H 高校智能财务管理系统构建研究 [D]. 长沙：中南林业科技大学，2022.

[25] 张海燕．基于业财融合的高校财务管理流程优化研究 [D]. 石家庄：河北地质大学，2020.

[26] 韦一滨 .Y 高校财务管理信息化建设优化研究 [D]. 南宁：广西大学，2020.

[27] 董彦达 .S 大学财务信息化建设研究 [D]. 镇江：江苏大学，2019.

[28] 苏扬 . 高校财务管理系统的设计与实现 [D]. 苏州：苏州大学，2020.

[29] 殷实 . 基于“互联网 +”的 D 大学财务服务创新评价研究 [D]. 大连：大连理工大学，2019.